国税一家

ノンキャリア集団の希望と葛藤

吉岡正範

中央公論事業出版

はじめに

国税収入の約四割を取り扱う東京国税局。管轄は東京都、神奈川県、千葉県、山梨県。税務職員一万五千余名のうち、キャリア職員（総合職採用）は約一〇名のみで国税局長など組織を統制する主要ポストに就いているが、一、二年で転勤し局から離れる。

対照的に、東京国税局採用のノンキャリア職員（大卒程度国税専門官と高卒税務職）は八四の税務署と国税局に配置され、常に納税者と相対し仕事をしている。確定申告の時期にはおおくの納税者が来署するため対応にあたる一方、望まれなくても、調査、徴収で納税者のところへ出向く。三年前後で税務署と国税局への転勤を繰り返しつつ、おおくの者が定年まで勤める。

ノンキャリア職員の働きぶりを俯瞰するなら、蟻の集団のように見えるかもしれない。一都三県のテリトリーを四〇年前後働きまわり、やがてここで税務職員としての職業人生を終える。

戦後の混乱期から経済成長期、バブル経済期、その後の長期停滞期にわたる七十有余年、助け合い、また葛藤しながら、それぞれの時代を税務職員として歩み続けた幾多の人生のつらなりをたどるなら、どのようなものが見えてくるのか。仲間うちでは「国税一家」と呼んでいたノンキャリア集団だが、本書では集合体としてうごめく姿とその変貌をたどる。また予算と人事を握る一〇名ほどのキャリア集団と、金も権力も持たないが専門性を身につけている一万五千余名ものノンキャリア集団との統制、対峙の構図を探る。

本のタイトルを「国税一家」という仰々しいものにしたが、読み進めてもらえば意図するところがわかっていただけると思う。

吉岡正範

国税一家◆目次

第一〇章　ノンキャリア集団の展望

序　章　タイムスリップ　昭和の税務署

これから、税務職員の七十有余年にわたる姿をたどるのであるが、その前に戦後混乱期の空気感や臭いも残っていた、一九七〇年の神田税務署を体験していただこう。

現在の神田税務署A総務課長が、ヴァーチャルリアリティ（ＶＲ）のゴーグルを使って昔の庁舎内をながめる、という架空の設定にする。しかし、そこで見たものは事実である。


――午前八時すぎ、A総務課長は出勤した。きのう国税局から届いたヴァーチャルリアリティ（ＶＲ）のゴーグルが気になっていて、さっそく試してみることにした。臨場感のある調査技法の研修のために開発したもので、時間、空間を飛びこえ、その場の映像と音だけでなく温度、湿度、臭いも感じられるとか。

神田税務署は一九七二年（昭和四七）に建て替えた。「古い庁舎を見てみたい」。一九七〇年（昭和四五）八月五日午前八時にタイムスリップし、場所はここ神田税務署に設定、ゴー

グルをはめスタートした。

総務課のフロアを見わたした。窓枠・壁・柱……なんと木製である。事務机も木製だ。署長室に向かってみる。磨かれた真鍮のノブをまわし木製のドアを開ける。机がひとつあり、若い女性職員が座り、黒い受話器をふいている。その様子から自分の席のようだ。署長の部屋はその奥らしい。これでは署長の秘書ではないか。

法人税調査のフロアを見てみると、若い男性職員が机をふいている。真夏なのにネクタイ姿だ。クールビズはなかったんだ。まだ出勤者はいない。各人の机上には薄っぺらなアルミ製の灰皿があり、積もった吸い殻をバケツに入れ回収している。たばこの臭いがひどい。このあと灰皿を洗うようだ。

一階に下りトイレをさがすが見あたらない。なんだ、これは。西部劇映画にでてくる両開きのスイングドアだ。臭い。トイレ臭がしてきた。「便所」と小さい看板がある。男女の別は表示がない。いっしょに使うのか、驚いた。両開きのドアをはねのけ、中に入る。幅のせまい個室の木造扉が並んでいる。その奥には男の小用便器が並んでいる。A総務課長は圧倒された。想像をはるかに超える衝撃であった。

時刻を午前九時すぎに設定。暑い、なんで冷房を入れないんだ。いや、この木造庁舎には冷房がないのだ。法人税調査のフロアをながめる。全員男性だ。大半がたばこを吸っていて煙が充満している。服だけでなく髪の毛もたばこ臭くなるぞ。

突然ガチャガチャとガラス瓶のぶつかる音が響いた。牛乳瓶をいっぱいつめこんだ布袋を両手に下げた小太りの中年男性が、汗もぬぐわずズカズカと、ある職員のわきまできて牛乳瓶一本を置いた。職員は牛乳販売店の判が押してある四角い小さな厚紙一枚を渡した。前払い券をまとめて買ってあるのだろう。

午前一〇時に設定。気温が上がり、あちこちで床置き型の大きな扇風機をブンブンまわしはじめた。机上の書類が風でバタバタしている。今度は、豆絞りの手ぬぐいを角刈りの頭にまき「満留賀」の法被《はっぴ》を着た三〇代の男が元気よく職員のわきまで入ってきた。出前の注文取りだ。

「今日はそばじゃなくてカツ丼にしようよ。おいしいよ」

「高くて毎日は食えないよ」

「〇〇さんはたのんでくれたよ、ねえ、たのもうよ」

会議室ではなにやら作業をしている。法人税申告書の発送作業だ。あて先の所在地、法人名はなんとカタカナだ。当時はＡＤＰという第一世代の電算処理システムを使っていたのだ。漢字は使えなかったのか。大型封筒に申告用紙を入れ糊付けしている。こんな作業を毎月職員がやっていたとは。でも雑談しながら楽しそうだ。

「午後神田郵便局に持っていくから、総務課に署長車の手配しておいて」

「もう、してあります」

Aは先輩から聞いたことを思い出した。かつて署長車と呼ばれていた黒塗りの乗用車があり、総務課所属の運転手が配置されていたと聞いた。

昼休みに設定。女子休養室がにぎやかだ。生け花のサークルが講師の手ほどきを受けている。すると庁舎の裏でパーン、パーンという音がする。外を見ると若い職員が楽しそうにキャッチボールをしている。その敷地の隅に物干しがあり布団が干してある。宿直制度があったというから、その布団かもしれない。

午後の時間帯に設定。二階の法人税フロアに人目を惹く中年の女性が現れた。白のブラウスにネックレス、しゃれた腕時計にハンドバッグ、薄いピンクのスカートにハイヒール。慣れた様子で入ってきてベテラン女性職員と雑談をはじめた。「今年の新人さんはどこに座っているの」と聞いている。生命保険の外交員だ。

一階から「アッ、なんだ」と緊張した声が。見てみると、男性職員のシャツの背中が赤く染まっている。血ではなく赤インクだといっている。天井から赤い液体がしたたり落ちてきている。同僚が二階にかけ上がり原因を突きとめた。

「二階で、使わなくなった赤インクを倒したようです」

年配の職員が怒るようにいった。

「床はすき間だらけだからな。もうボールペン書きになったんだから、インク瓶は片づけておかないと」

法人税調査のフロアにOB税理士とおぼしき人物がきた。職員が調査する事案の書類を広げているというのに、課長は愛想よくわきにある応接セットに招き入れた。

そのすぐ横で、若い職員が汗をふきつつ真剣になにやら書いている。足元を見ると、水を張ったバケツに素足を入れ冷やしているではないか。書類は扇風機の強い風であおられ、汗で手につき苦戦している。書いているのは更正の理由書だ。昔は調査で指摘した事項は修正申告を求めるのではなく、更正処分していたと先輩から聞いた。

「またまちがった」

終わり近くまで書き進んでいた理由書をくしゃくしゃに揉んで捨てた。一字まちがえても全部書き直しだ。

となりの課では、中年の職員が課長と話をしている。

「二件立てつづけに粉飾決算で、ついてませんよ。一件ボツにしていいですか。その分追加で着手しますから」

「わかった。指令表から消しといてよ」

上席が慰めるようにつぶやいた。

「これがなきゃいい商売なんだけどねぇ」

調査したのに、しなかったことにするのだ。ボツにした分は、そのままでは済まない。代わりの法人を調査することになる。調査計画件数はこなさなければならない。そこまでして実績の数字にこだわっている。

A総務課長は自分の経験をたどっていた。

三〇代なかばで国税局に異動となり法人調査から離れた。正直ホッとした。「数字をだせ」といわれたわけではなかったが、調査件数や増差所得の数字が頭から離れなかった。気にしない職員もいたが、露骨に結果を求められ追い込まれた職員を何人も見てきた。

「課長、だいじょうぶですか」

課長補佐の声だ。あわててVRのゴーグルを外した。現実の世界に戻った。まわりはもう仕事をはじめている。タバコ臭さはない。机上に灰皿はない。扇風機は見あたらない。室温は高めだがクーラーが入っている。ホッと一息ついた。

VRで見た一九七〇年の神田税務署は別世界だった。臭い、暑い、暗いと劣悪な職場環境だ。フロア内に職員以外が平気で入ってくるし、危機管理はなっていない。でも話をしながら仕事をしていて、昼休みも楽しそうにしている。

いまはどうだ。四六時中パソコンの画面に吸い込まれ黙々と仕事をしている。最近こんなことがあった。

「冗談いったのにだれも笑わないのかよ」

ベテラン統括官がまわりに聞こえる声で嘆いた。

二〇〇〇年（平成一二）危機管理が叫ばれはじめた。ミスをすれば自己責任といわれる。その後あらたな人事評価制度が設けられた。個人の業務目標を設定し、その結果が求められる。戦後間もなくの大らかな空気感や息づかいが残っていた一九七〇年の神田税務署からは、天と地ほどにかけ離れてしまった。経済や科学技術が発展したのだから当然の変貌だが、税務署の仕事の仕方、そして税務職員の姿がこれほど変わったのだ。A総務課長が受けた衝撃は、しばらく収まりそうになかった。

――ここからは、戦後混乱期からの七十有余年を、A総務課長が「昭和の税務署」をながめたような感覚で、税務署で働き生活する税務職員の姿をたどっていく。

第一章　一九六〇年以前の税務職員

1　戦後混乱期、大半が若い職員

税法に未熟なまま調査

東京国税局の広報誌「局報」（1979年6月1日発行。以下、発行年月日は西暦表記とした）に、一九四九年（昭和二四）に撮った墨田税務署（墨田区全域を管轄）の写真が載っている。庁舎前に職員が並んだ記念写真である。前列に座っている職員のうち二名が口ひげをはやしている。署長など幹部であろう。一人はカイゼルひげで、もう一人はチョビひげだ。税務署の威厳を感じさせる。

この「局報」は国税庁開庁三〇周年特集号で、当時墨田署に勤務していた職員、ＯＢの座談会が企画され、戦後混乱期の様子を次のように回顧した。

墨田署の庁舎は元メリヤス工場の古い建物をそのまま使用。職員は、戦争で研修の機会もないため、専門知識は不十分なまま。

「(調査の) 決議書に収支計算書がついてくると、それが棚卸を無視して作ってある」

「P/L、B/Sを聞いても、それが何であるかも知らない職員がいた」

法人税調査では平日は調査の連続で、決議書の作成は自宅に持ち帰り、土日でおこなった。

一九五〇年(昭和二五)に取引高税が廃止された。担当職員は配置換えとなった。法人税の担当に転課した、ある職員は、着任早々内部事務だけでなく、調査事務も担当させられ、法人税法のイロハもわからないうちに調査にだされた。実地調査そのものが研修であった。

戦後しばらく、税務署は大幅な職員不足となっていた。国税庁は窮余の策として一九四八年(昭和二三)から三年間、税務講習所の研修期間を短縮して署に配置した。新人研修を打ち切ってまで現場配属させるとはかなりの緊急事態だ。また一九四九年(昭和二四)と翌年に、旧高専卒業者、旧大卒者、経理経験者などを対象に多数を試験採用した。

この結果、国税庁職員の八割弱が二九歳未満で占められた。職員の平均経験年数は、わずか六年であった。

もし現在の税務署で、職員の大半が二〇代、平均経験年数が六年であったら業務はどうなるだろう。どんな事態になるか想像すらできない。

既にあった尻タタキ

国税庁は、税務署の事務の混乱、非効率を改善するため一九五二年（昭和二七）、国税庁総務課に能率調査室を設け、税務署の各課、各人ごとに実際の事務量把握と、それをもとに事務計画をたてることとした。

法人税事務では「指令表」の様式により、事務量を把握し、これをもとに年間調査件数の計画をたてた。だが、調査件数が過大に算出され、職員の負担となっていた。全国税労働組合（全国税）は法人税事務に関する改善要求をだした（中央本部の機関紙「全国税」56年2月5日）。

これらの要求を一言で表現するならこうなる。

調査以外の内部事務などの日数は実際より過少に見込まれている。適正に見込めば調査計画件数はもっと減る。調査結果の数字だけ見て尻タタキをするな。

この要求を現在の法人税調査担当者が見たら、いまと同じではないかと思うであろう。改善されずいまも引きずっている。

同日付の機関紙には、法人税担当以外の要求も載せている。ここでも実績を強要されることに対する批判がずらりと並んでいる。

徴収担当では、「個人別実績簿を廃止すること」、「係別成績比較をやめること」。

間接税担当では、「未だに尻タタキがある、例えば税収比較が行われている、物品税関係の検挙実績を比較する、密造酒も同じ」。

所得税担当では、「前年対比に重点をおきすぎるため割当課税のようになっている」、「実績検討会は揚足とりになっていて実情を無視している」。

職員はまだ若く事務経験も浅いのに、既にそれぞれの事務で「尻タタキ」のプレッシャーを浴びていた。

寄り道 **軍隊用語**

法人税事務で使う「指令表」という言葉がでてきたが、一般にはあまり使わない古色蒼然とした言葉である。法人税担当職員は、この言葉が気になる。軍隊用語では？　との話は職員間でしていた。軍を指揮する場合には「司令」を使い、行政機関で上部機関が下部に指示をだすときに「指令」を使うようであるが、法人税担当職員の受けとめは、指示というより命令である。

「復命」という言葉も昔から調査部門で使われている。調査から戻ると、おこなった調査の経過などを統括官に報告するが、報告といわず復命という。この言葉は軍隊用語のイメージがつきまとう。軍隊では、命令に従って行動した経過と結果を命令者に報告するときに使う。行政機関での使用例としては、警察には犯罪捜査に関し「捜査復命書」という様式があり、公判の証拠としている。

指令表、そして復命という言葉が、戦後まもなくから今日まで税務署内に生き続けている。

昼休みにコーラス、一方で結核罹患者

職員の大半が二〇代で占められていた。昼休みには若いエネルギーがはちきれんばかりに表現された。全国税労働組合の中央本部機関紙「全国税」（53年11月5日）に合唱サークルの活動が載った。

「王子支部の二階からは昼時になると美しいメロディが流れてくる。仕事のつらい時には仕事の歌が、悲しい時は悲しい歌が、そしておたがいが慰められはげまし合う。そしてうれしいときは喜びの歌を腹の底から歌う」

数人ではじめたサークルは数十名にもなった。この合唱サークルの活動をきっかけに、都内の十五、六の支部にコーラスが生まれ、毎月合唱会をおこなっていく。この流れが一九五五年（昭和三〇）には、民間企業の労組を含め多数が参加する文化祭を開催するまでに広がった。

だが職場には結核にかかる者が多数に及んでいた。一九五二年（昭和二七）人事院の調査では、国税庁職員の一二％も結核にかかっていて、他省庁の七％前後と比べ、かなりおおくなっていた。

全国税は一九五四年（昭和二九）一一月、国税庁長官と交渉をおこない罹患者の窮状を訴え救済を求めた。

組合　鶴見ではロッ骨七本もとってなおらないのに打ち切られたとゆう例がある。彼はどう

してよいかわからずに毎日署にぶらっとくる。それを見る職員は俺達もやがてそうなるのかと思いりつ然としたが……みんなが気の毒なのでカンパしたが、それは高が知れている。

官側　気の毒な人には何とかしたいとゆうのは皆さんと同じだ。

（「全国税」速報版54年11月10日）

国税庁はこの前年、現在の東京都清瀬市に「清瀬税務病棟」を開所した。その後も結核にかかる職員は続々と発生した。

やがて罹患率は徐々に低下し、一九六九年（昭和四四）にようやく一％まで下がった。明るくはじけるように活躍するコーラスサークル。その一方では多数が結核に感染、長期にわたり苦しむ税務職員の姿があった。

寄り道

都合の良いときだけ酒をもらわないで

一九五四年（昭和二九）一一月、「全国税」の長官交渉速報版に面白いやりとりがある。税務職員の給与（税務職俸給表）は一般公務員の給与（行政職俸給表（一））より高い。国税庁所轄の醸造試験所（当時）で働く酒類鑑定官には、税務職俸給表の適用がなかった。税務大学校の教育官には認めておいて、酒類鑑定官になぜ認めないのかと迫る場面である。

組合（**鑑定官**）　酒税の重要な仕事のためにエンの下の力持ちになって、もくもくとして仕事をやっているのに、何故われわれの要求は入れてもらえないのか。

官側　充分わかるし、努力している。
組合　長官は都合の良い時だけ鑑定官から酒をもらわないで、しっかりやってもらいたい（爆笑）。
（「全国税」速報版54年11月10日）
国税庁長官との団体交渉ではあるが、かなりおおらかなやりとりだ。

寄り道

署長秘書

序章「タイムスリップ　昭和の税務署」に関連した話題である。署長秘書は実在した。「全国税」（56年2月5日）に総務課職員の要求が一〇項目載っているが、「二、署長秘書を別枠とすること、現在総務係の人がその分をかぶっている」とある。総務係のうち一名が署長秘書にされてしまって、ほかの職員がいそがしくなっているから、定員を一名増やせという要求である。
また、総務の職員はまじめに要求したのであろうが、思わず笑ってしまう要求もある。「四、局員に対する接待をやめること、観光シーズンに観光地に出張することは控えること」観光地を管轄する税務署に、局員が絶好のシーズンを狙ったかのように出張してくる。こんな出張はやめろ、署も接待するなと批判した。

2　苦しい生活、学閥特権反対

安い給料、足りない寮・宿舎

戦後一〇年たった一九五五年（昭和三〇）、公務員の給料は上がらず、毎月赤字の状態が続く。借金、親元からの補助、また内職でしのぐ生活であった。

「全国税」（55年12月15日）に生活ぶりがわかる懇談会の記事がある（以下抜粋）。

A　住宅にはスッカリまいってます。寮は一杯でワリ込めないし、高い部屋かりる金はないので、ムリに顔きかしてもらって業者のところに間借り……。

F　僕たちは大てい朝食くって来ませんよ。ヒルは近所のソバ屋あたりでツケでたべ、夕食になってやっと味噌汁・米飯にありつける。

司会　家族もちの人はどうですか。

E　女房と子供一人です。六畳一間のマガリ生活やって、酒もタバコもやりません。それでも配給米をとれないことなんかザラですね。

いちばん深刻な問題は、独身寮や宿舎に入れないことだ。公務員宿舎の状況は、この年あたりがいちばん切迫していた。

古くて狭い家族寮

民間の古い建物を宿舎に転用もしていた。「全国税」（56年2月25日）に、転用した宿舎への訪問記が載った。この宿舎は、以前はホテル従業員の宿舎、その前は病院として使用していたという。建物はかなり傷んでいた。

「洗面も、洗濯も、炊事もおんなじ流し場を使う……水がもって、台はくさって崩れそう」

「畳だけ一部張りかえてくれたわね。だけど、表だけは新しくなっても床がくさっちゃってているからブクブクしてるわ。畳屋さんも、こりゃ馬小屋のシキワラだ…なんて呆れるぐらいですもの（筆者注、妻の話）」

国税庁も、当時の逼迫《ひっぱく》した宿舎事情に危機感を持っていた。

「宿舎を必要とする職員は年々増加し、昭和三〇年度頃には、新たに独身者の結婚に伴う世帯宿舎の確保が必要となり、職員の四人に一人が宿舎を必要とするという状況にまで立ち至った」

（『国税庁五十年史』財団法人大蔵財務協会、２０００年）

国税庁史の書きぶりは、全体に淡々とした言葉で一貫しているのだが、宿舎に関してはちがう。困窮度が極まり強い切迫感が伝わる表現となっている。宿舎充足率が八割に達するのは一九六五年（昭和四〇）であり、そこにいたるまで寮、宿舎に入れなかった職員はフトコロを強く圧迫する住居費に悩まされた。

「学閥とかいうのはよしたまえ」

一九五五年（昭和三〇）八月、職員を困窮におちいらせている住宅の問題で国税庁長官と交渉をおこなった。全国税は、宿舎建設が進まず一般の職員は困難を抱えたままであるのに、国税庁幹部が邸宅ともいえる宿舎に入っていることを事前に調べ、学閥特権は許さないと追及した。激しいやりとりとなった。

組合　昨年来の四四〇〇戸の確約を具体的にどうするかいってもらいたい。
長官　努力するということである。
組合　学閥だからか知らないが住宅の苦労を知らないだろう。
長官　学閥とかいうのはよしたまえ（少々怒気を含む）。
組合　次長は関信（関東信越国税局）の七四坪の家に入っているのではないか。

（（）内筆者注。「全国税」55年8月25日）

寄り道……キャリアは大邸宅の宿舎に

前述の交渉で次長が入っている家とは宿舎のことである。「全国税」は、この宿舎の間取りを詳細に調べ、交渉の記事といっしょに載せた。

「次長の住宅はどうか、参考にみてみよう。彼は関信局の高円寺宿舎を一、四二八円で借りている。その宿舎は建坪五三坪でノベ七四坪もある大きなものだ。十畳二間、八畳二間、六畳半一間、六畳一間、四畳半一間、三畳四間……それに応接室がついている」（「全国税」55年8月25日）

週刊誌の記事を面白おかしく読んでいるような感覚になる。ノンキャリアの税務職員が安い給料にあえぎ、宿舎に入りたいと切望しているのに入れない。ところが次長は、部屋が一〇室以上もある大邸宅に、たった千円なにがしかの賃料で住んでいる。この極端な不公平に交渉参加者は怒りを爆発させた。

この記事を読むうち、ある出来事がよみがえった。二〇一〇年（平成二二）頃、港区南青山の公務員宿舎について、「マンションなら数十万円の家賃になるようなところに、公務員はとんでもなく安い家賃で入っている」と、テレビのワイドショーや週刊誌で何度も取り上げられたことがあった。南青山の宿舎に入っていたのはキャリアで、今度はマスコミが批判した。

「学閥特権人事反対」

学閥特権に対する批判は宿舎問題にとどまらなかった。一九五五年（昭和三〇）七月、国税庁は、東京国税局調査査察部の査察官のうち五名を署長に発令した。いずれも若い学閥採用であった。全国税東京局支部は、この人事について査察の職員から「世論調査」をした。

署長となった五名は特に成績が抜群だったと長官は回答したとし、「一緒に働いていた皆さんの目から見たこの人たちの勤務状況はどうでしたか」と聞いた。結果はほとんどが「一般より悪くこそあれ署長になるほど優秀ではない」であった。また、「こんなことが行われて、あなたは張り合いをもって仕事ができますか」には、九割弱が「とてもやっていけない」と回答した（「全国税」55年9月25日）。

この頃、国税局ではキャリア職員に調査をさせていた。キャリアといえども、調査では必ずしも優れた実績を上げられるわけではない。だが、人事ではキャリアが速やかに昇格していくため、同じ調査をしているノンキャリアから強い批判がでた。

一九五六年（昭和三一）、全国税は国税庁長官と交渉をおこない、学閥特権人事を追及した。

組合　学閥風をふかしサッパリ仕事をしなかったり、八〇回もチコクしているような学閥を飛び昇格（筆者注、昇格基準に満たない学閥を特例昇格）しているのだ。

長官　（にが笑い）

組合　一〇割の人も昇格させず八〇回チコクするような学閥が昇格するというのは、どういうことか。ハッキリ答えてもらいたい。

長官　従来のイキサツでやっているだけだ。

組合　実際学閥なるが故に飛び昇格するなんてバカな話はない。決議書も満足にかけず、会社に書かせているような学閥が飛び昇格しているのをどう思うのだ。

人事課長　決議書を会社に書かせるなんてことはほじめて聞いたし、とんでもないことだが、細かい事務でソロバンができないから、といっても任用の問題は長い目で考えているから……。

（「全国税」号外56年11月7日）

同月二〇日にも長官交渉をおこなった。

組合　学閥署長なんかメクラバンを押していればいいんだろう。仕事は誰がしていると思っているのだ。

長官　署長といっても、細かいすべてのことは知らなくて良いのだ。署長として十分認識をもっていると思う。

組合　識見もくそもない。ポストに支えられているだけではないか。われわれにだって署長ぐらいできるのだ。封建的な学閥人事をほんとうに正しいと思っているのか。

長官　私はこれを止める気はない。現状においては必要なのだ。

（「全国税」号外56年11月21日）

学閥の次長が大邸宅の宿舎に入り、仕事が未熟な若い学閥が続々と署長に就き、給与も飛び昇格していく。ノンキャリアは長官交渉を重ねるなかで、国税局、税務署をだれが支配しているのか、その権力は見えない、そして大きなものであることを身に染みて認識することとなった。

寄り道

へーゲルだっていってるよ

一九五六年（昭和三一）一一月六日の交渉では、長官から「へーゲル」という言葉がでた。

長官　学閥人事に不満だという気持はわからんことはないが必然的なものなのだ。

組合　なにが必然的なんだ。

長官　へーゲルだって〝存在するものはすべて必然だ〟といっているよ。

機関紙には、このあとカッコ書きで以下の文章が入っている。

（まさかドイツの大哲学者へーゲルもこんなことでコジつけられるとは夢にも思っていなかったろう。この学閥どもはカントだとかへーゲルだとかいえばえらく識見があると思っているらしいのだ）。

（「全国税」号外56年11月８日）

長官や局長は、交渉にあたってあらかじめ用意されたマニュアルをそのまま読み上げることがおおいが、当時はかなりちがっていたようだ。どんな議論に「脱線」するのか面白くもある。

確定申告期、タマゴ・牛乳よこせ

一九五六年（昭和三一）、所得税担当が集まり、確定申告事務の現状を話し合った。納税者が大勢来署するが、当時は騒然としたなかでの申告相談であった。納税者はダルマストーブを囲み暖を取りながら、まだか、まだかといいながら待っている状態だ。対応する職員は、しゃべっているうち声もかすれ、疲労コンパイとなってくる。

「仕事の最盛期であるだけに、日ごろの不平不満が飛びだし、次のような要求が、たちまちまとまっていった。……〝疲れてるから毎日タマゴ二個、牛乳一本よこせ〟〝アルバイトを二、三人はよこせ〟など切実な要求もとびだした」（「全国税」56年2月25日）

タマゴ二個とは時代を感じさせるが、現場の疲労が目に見えるような要求だ。

職場に愛着感じない

一九五九年（昭和三四）、生活と仕事の実態を探るアンケートの記事が「全国税」（59年1月26日）に載った。注目されるのが、仕事に対する意識を聞く項目である。

職場に愛着を感じるかでは六二％が「感じない」。仕事に情熱を打ち込めるかでは、七七％が「打ち込めない」。生涯税務署に勤めたいかでは、「勤めたくない」四九％となった。労働組合の調査に答えたもので、かなり本音の回答と判断できる。

後述するが、高卒の普通科採用者はその後大半が定年まで勤め上げている。だがこの当時は、安い給料、苦しい生活、処遇でもなかなか昇格しないなどで、不満がかなり強かった。

「若い娘さん採用……喜ぶのは早い」

女性職員は一九五三年（昭和二八）から個別選考で採用していたが、一九五八年（昭和三三）、人事院が女子税務職員試験による採用を開始した。

だが職場では歓迎する一方、危機をもって受けとめられた。「全国税」（58年3月10日）に、「若い娘さんが採用される！／だが喜ぶのは早い／あなたの首切りにつながっている」との衝撃的見出しの記事が。

「職場の花がふえたとか、チョンガ族の福音……だとか鼻の下を伸していると大変なことだ。これはボクたちの首切りの大前提になる怖しい話なのだ」

この年、管理係や徴収係で人員整理の動きがでていたため、身がまえたのである。

内職でしのぐ先に明るさが

「全国税」（60年1月18日）に、家族寮を訪問し職員の妻に生活実態をざっくばらんに聞く記事が載った。ほとんどの家庭でマッチはり、袋はりなどの内職をしており、夜は帰宅した夫も手伝っている実態が浮かび上がった。

マッチはりとは、マッチの小箱の外側にラベルを糊付けし、袋はりは商店などが使う紙袋を作るために糊付けするもの。狭い畳の部屋にちゃぶ台をおいて、妻は赤子を背負い夫と共に内職をするような、昔の白黒映画にでてくる映像が浮かんでくる。

国家公務員の賃金について、安保反対闘争が高揚するなかで迎えた一九六〇年（昭和三五）、人事院は約一一%アップの勧告をした。

だが、この賃上げでも生活改善できないと不満がだされた。同年九月、人事院勧告を受け入れるのかをめぐり開かれた懇談会の模様を「全国税」は伝えた。食べるのに精いっぱいの実態が浮かび上がる。

C　月給前になると、食堂へ行くのがはずかしくなる。みんなパンでがまんしているんだから……（笑う）

F　笑いごとじゃない。本当のことなんだから……。そのパンも五円、十円にツメを立《ママ》てて安いところを探し回る。

D　昼休み、ピンポンさえする気がしない。ただモノウク眺めるだけだ（笑う）

F　共カセギでなくては結婚できない。結婚しても子供を生《ママ》めない。ひどいもんだ。

（「全国税」60年9月26日）

住宅事情はまだ数を追う段階で、民間住宅借り上げの家族寮もあり質の改善には手がまわっていない。一九六〇年（昭和三五）、宿舎充足率をようやく六〇%にのせた。

学閥特権人事に怒り、また仕事は実績の数字に追われ、ずっとは続けたくないと葛藤しながらも、若い職員がおおく、昼休みはコーラスサークルが歌声を響かせ、また卓球をするなど若いエネルギーが発散した。

結核に苦しむ長期療養者が多数いたのであるが罹患率は徐々に低下、住宅事情は質はともかく宿舎入居率は徐々に改善、給料日前はパンでしのぎながらも給料は上がってくるきざしが。結婚し共働きならなんとか働き続けていけそうだと明るさがようやく見えてきた。

第二章　帰属意識持つ税務職員

1　経済成長下の生活、余暇への関心

課長の奥さんも内職

一九六〇年（昭和三五）池田勇人首相は所得倍増計画を発表。七年後の一九六七年（昭和四二）、国民一人当たりの実質国民所得は倍増した。だが消費者物価指数もこの間四割強アップした。税務職員の給料も二倍になったのか、若い職員の例として六等級二号俸の金額をみると、一九六〇年は一四、七〇〇円であったが、一九六七年には二七、九〇〇円となり、九割アップした。

確かに上がってはいるが、実際の生活ではどれくらい良くなったのか。一九六五年（昭和四〇）の「全国税」に、生活ぶりがうかがえる記事が載っている。

――（都内のある宿舎で）日頃台所のきりもりに苦労している奥さん方の懇談会を行なった。

司会　皆さんそれぞれ大変な台所を預かっていらっしゃるんですが、この宿舎ではどの位内

職していますか。

Bさん　二百世帯としても、半分以上はやっていますよ。上は課長の奥さんもやっています。ピアノの教師から、私たちは袋貼り、折り込みしじゅう、宛名書き、ミシン、なんでもやりますよ。

（「全国税」65年7月5日）

結婚して宿舎に入っても、子供が一人、二人とできるとなると出費がかさみ、内職をやめられない。課長の妻でも内職をする。給料が上がっても、増える出費に追いつかない実態がここにある。

余暇への関心高まる

一九六四年（昭和三九）東京オリンピックへの熱が職場でも高まる。国税局は、レクリエーション活動として、オリンピック競技施設の見学をおこなうが、応募者は定員の一〇倍にも達した。「局報」（64年9月18日）では「一〇台のバスをつらねて」の見出しで報じた。

新型コロナウイルス感染症の蔓延で無観客開催せざるを得なかった二〇二一年（令和三）の東京オリンピックとは、かなりの温度差だ。日本社会全体が余暇への関心が増大していった頃で、税務職員にもその大波が押し寄せたようなレクリエーションであった。

その後も様々なレクリエーションがさかんにおこなわれた。美術館めぐり、ワイン醸造所見学、近郊の山へハイキング、ソフトボール大会、バレーボール大会、春は潮干狩り。船で海釣りもあった。

余暇への関心が増大し、また経済的にもいくらかゆとりができてきたのであるが、そのことは職場からもうかがえる。

一九六四年、都区内署に配属となった新人女性職員は当時を回顧した（『税務職員昨日、今日』国税庁開庁30周年記念東京国税局職員文集、79年）。

毎週土曜日には、係の職員で都内のあちこちにでかけた。春には花見、また寄席にいき大いに笑った。美術館に入って芸術的な気分にもひたった。

土曜日は午前中で勤務が終了するので、午後は係員たちで楽しいひとときを過ごしたのだろう。このように楽しんだ職員は少ないのかもしれないが、いまの税務署から見たら和気あいあいとし、また楽しむゆとりが感じられる。

ところが、この女性職員はわずか一年で国税局に異動した。局の仕事は不安であったが、入ってみれば同年代の女性もおおく、にぎやかで楽しかったという。

しかし、局の女性職員には業務ではない「仕事」もさせていた。全国税の局支部は批判した。「女子職員の食事運び、煙草買いも『事務を補佐する?』との回答で、大手町官庁街界わいでも異観とされている、昼食運びも職務のうちだそうだ」（「全国税」61年12月18日）

新人男性職員が、わずか一年かそこらで局に異動になることはない。署の新人女性職員を局や庁に異動させ、本来の業務以外の「仕事」をさせる人事は一九九四年（平成六）頃まで続いた。

2　普通科研修で「人間形成」

人間形成のための生活指導

高卒採用で税務職員になると、税務大学校（税大）で一年間普通科研修をおこなう。全寮制である。この研修方針であるが、税法科目の教育を基本とし、演習では税務署で実際に使用されている諸帳簿様式等を教材に使用するなど、税法と実務を重視した方針であった。

ところが一九六二年度（昭和三七）に方針を変更する。あらたに「全寮制と研修生小グループごとに担当教育官を定めて行なう班別指導の二本を柱として、人間形成のための生活指導」（「税務職員の教育訓練と税務大学校」石橋大輔税務大学校長、「税務大学校論叢」第1号、税務大学校、68年4月）を加えた。

全寮制下での寮生管理と、教育官による班別指導、この二つの手法で人間形成のための生活指導を実施するという意味である。

普通科の研修方針に「人間形成のための生活指導」という唐突な文言がでてくる。同論文では次のように説明している。

「集団生活を通じての規律ある生活態度の育成、組織の中の一員であるという自覚の養成、職場への帰属意識の強化等の徹底を図っている」

「帰属意識の強化」とは、企業がおこなう労務管理の一手法である。当時、六〇年安保闘争を頂点に労働運動が高揚、労使は激しく対峙していた。企業は、末端の管理職と労働者個々との人間関係の形成を重視し、コミニュケーションを頻繁にとらせ、自発的な協力を促し、企業への帰属意識を高め、労働者を自主的協力に向かわせていく労務管理の手法をとった。

また「帰属意識」であるが、たんに形式上企業に所属している意識だけではなく、企業への満足感や信頼感、その一員であることの誇りや、その企業に対する支持を従業員に求めるものである。

税務大学校は、組織への帰属意識を高める企業の労務管理手法を取り入れ、普通科研修生に実施した。

規律ある生活態度、職場への帰属意識と愛着心を身につけさせる、あらたな方針をなぜ加えたのであろうか。

全国税排除とあらたな職員育成策

一九六二年（昭和三七）二月二六日の全国国税局長会議で、国税庁長官は労働組合に関する訓示をおこない、「時報」として職員に配布した。

「職員団体の活動についても職場の秩序を破壊する動きについては、国民の付託にこたえて税務の執行にあたるべき職員の立場と全く相容れないものであり、絶対に排撃されなければならない」

「管理者を敵と呼び、ともすれば非礼な態度でこれに接するというような一部組合員の行動は、管理者は毅然たる態度で非礼を指摘し、これを是正していくべきである」

「一時的に仕事に遅れがでても、それは表見的なことであって根本的改善のためにはこれをおそれるにはあたらない」

（全国税労働組合「統一の旗を掲げて」65年5月）

なぜこの訓示がだされたのか、ここにいたるまでの全国税労働組合と国税庁当局のかかわりについて、経過を説明する。

「職場の秩序を破壊する動き」とは、全国税の活動を指す。全国税は、前身であった全国財務職員組合連合会（全財）が戦後のレッド・パージなどで解散する。その後、税務署の課長を支部長とするような組織が存在していたが、課長は管理職でもあり活動は活発ではなかった。しかし、職場では結核が蔓延、生活もままならない安い賃金への不満、内部事務ではかなり超過勤務が発生するが改善されず、また、当局が強行した勤務評定は差別支配の元凶だとして反発が高まったことなどを背景に、たたかう労働組合へ進展していく。

五時になったら帰る、昼休みはきっちりと取るなどの完全休養と、成績競争はしない、無理な仕事の押しつけは断るなどの業務規制を重点とし、さらに時間内拠点職場集会をおこなうなど活動を強めた。各税務署では、管理職と対峙するたたかいとなっていく。

国税庁当局は対決姿勢をあらわにし、二桁の組合員を免職にした。六〇年安保闘争の高揚のさなかであり、他省庁の労働組合も活発化していたが、これほど労働組合を敵視し多数の免職処分をした国税庁は特異であった。

免職者をだしてもたたかいをやめない全国税に対し、国税庁長官は、一時的に仕事に遅れがでても、おそれることなく根本改善すると「闘争宣言」したのが、この訓示である。

根本改善とは全国税組織の壊滅、職場への影響力の排除である。そのための方策は周到に準備されたものであった。全国の国税局・税務署の幹部に指示して、全国税脱退工作、同盟系の協調主義労働組合の育成をおこなわせた。この結果、全国税の組織人員は大幅に減少した。

国税庁の全国税排撃工作について、一九五六年（昭和三一）大蔵省キャリア採用の秦郁彦氏は次のように著述している。

「三十七〜三十八年にかけ木村国税庁長官時代に、遠山修審議官を指揮官とする庁をあげての切り崩し工作が成功して潰滅《カイメツ》状態になった」

「狙いは第一組合から第二組合員への移行だったが、説得工作に当たっては……不当労働行為の口実を与えないよう細心のルールでのぞんだという」（秦郁彦『官僚の研究』講談社、83年）

だが、当局のおこなった行為は不当労働行為そのものであった。

長官訓示にある「根本的改善」の方策として、全国税組織の排除ともう一つの方策がたてられた。それが、国税当局が望む税務職員の育成である。この方策を達成するため、普通科研修では「人間形成のための生活指導」をあらたな研修の柱とし、帰属意識を持たせるための施策を導入、さらに研修終了後三年間は、税務署の中堅職員を専任管理官として配置した新人用の独身寮（新任寮）に入居させ、寮生の人的管理をおこなった。

採用から四年間、新入職員を囲い込むことで、国税当局が望む帰属意識を持つ職員の育成がはじまった。

研修所を移転、学寮新設

当局は普通科研修所の移転、建設をおこなった。以前の研修所は千代田区代官町にあった。皇居の乾門《いぬい》に面し、元近衛歩兵第二連隊の兵舎と厩舎があった場所だ。

一九六三年（昭和三八）に普通科研修所を新宿区若松町に移転した。この場所は元陸軍経理学校で、兵舎を改造した建物を、のちに本科となる高等科が使用していたところだ。

同年、鉄筋四階建ての普通科学寮一棟を新設、その後二年でさらに二棟を新設した。寮の間取りは、寝起きする六畳間と、その手前にカウンターテーブルを据え付けた自習スペースがあり、四人が横並びで座るという超過密状態であった。

高校をでたての若い職員が、六畳に四人も枕を並べて寝るのである。消灯となってもすぐ寝るわけにはいかない。狭い暗やみのなかでドタンバタンとプロレスをはじめたりする。これでケガをする者もでた。

規律順守、違反には謹慎

まず「人間形成のための生活指導」の二本柱の一つである全寮制の実態をみてみる。代官町時代の研修生管理はゆるやかで、喫煙、飲酒で処分はされなかった。若松町になると、がぜん規律順守が厳しくなった。起床後七時半のラジオ体操は強制である。夕食後の二時間ある自習時間も原則室内にとどまらせる。午後一〇時の点呼も厳守。そして一一時消灯。

一九六四年（昭和三九）、研修生より六、七年先輩にあたる税務職員を教育官補に発令し、学寮に住み込ませた。この配置でさらに規律順守の目がいき届くようになった。当初教育官補は二名であったが、二年後からは五名に増員した。

寮生管理は厳格だった。「全国税」には、「自由がほしい」税大生の叫び、の見出しで実態を告発する記事が。

「三十分以上の外出には、外出票を提出させられ、外泊は原則として認められません」

「廊下に面した部屋の窓ガラスに紙をはって内部が見えないようしゃへいしてあります。プライバシーを守る当然の処置です。ところが、さすが国税当局です。その紙の一部を切り取って、内部を監視できるようにしてあります。こののぞき穴のところに『物をおくな』と注意された人もあるそうです。全く刑務所の『開きまど』と同じやり方の監視です」

「外出したとき帰寮が九時すぎると説諭され、飲酒・喫煙がみつかると一週間から十日間の謹慎（外出禁止）が命ぜられます」

「さらに規則に違反すると、『反省室』と称する部屋に入れ外部との接触をたち、授業にも出さない監禁状態にします」

（「全国税」69年6月15日）

これが全寮制による「人間形成のための生活指導」の実態であった。少なからぬ研修生は、刑務所を思わせる監視や、規則違反者への厳しい措置に疑問や怒りをおぼえた。彼らの大半は地方の高校をでたばかりで上京し、魅惑のおおい新宿でどんな研修生活になるのかと期待していた。だが実際には、外出制限など厳格な規則と監視のなかでの生活であった。

寄り道

酒、たばこ、教育官補

普通科研修期間中、酒、たばこは一律禁止とされたが、研修生のなかには二〇歳になった者もいるので微妙だ。昼間学寮に盗難が入ったことがあり、何が盗まれたのか職員が室内を調べると、押し入れからたばこの吸い殻がつまった一升瓶がでてきたことがあった。

一九七〇年（昭和四五）三月、普通科二九期生の「学友会報」卒業特集号に、研修生が一言ずつ「金言」を寄せた。研修が終わるという安堵と共に、複雑な感情がみられる（以下抜粋）。

▼酒、煙草、女がいない税大東研の生活。良かった▼何故に僕たち二人は会えないの、門限のせいだ▼禁酒、禁煙、門限………謹慎▼煙草の煙が、官補の目に、とまった時、それを人は謹慎と呼ぶのでしょうか。

教育官補との関係がかなり意識されていたことがわかる。自習時間中にコッソリ近くのパチンコ店にいく者がいるため、ここも見てまわっていた。官補の業務は、やりがいはあるかもしれないが、勤務時間の区切りが明確ではなく長時間に及ぶ。食事、風呂、寝起きを共にし、体育の授業は中心となっておこなう。研修生の悩みの相談にものるが、やはり煙たがられる存在ではあった。

教育官による班別指導

「人間形成のための生活指導」の、もう一つの柱とされた班別指導であるが、一九六二年度（昭和三七）に、あらたに職業道徳が年間九五時間加えられ、この時間の大半が班別指導にあてられた。担当教育官が研修生活や職場における身近な問題の事例、その時々の社会問題などを班別方式により意見交換させつつ指導する。

前掲の石橋論文（四〇頁）には次のような記述がある。

「班別指導により一教育官と一五人あまりの研修生が、親子、師弟、同僚、兄弟のような関係で一体となった生活指導を与え、受けることによって、社会人としての成長を期している」

教育官に配置される職員であるが、一〇年以上調査、徴収の仕事をしてきて三五歳になった頃、突然教育官に発令される。自分が担当してきた税法を教えるのはよいが、「人間形成のための生活指導」もおこなう立場になった。たんなる生活指導ではなく、人間形成のためとある。彼らは教育者としてのノウハウを習得しているわけではない。どのように指導するのか、戸惑いはかいま見えた。

班別指導の実態

複数ある税務署の労働組合について、班別指導で取り上げることは毎年各研修所でおこなわれていた。客観的、公平に議論させるわけではなかった。労働組合の選択に、当局が班別指導の時間を使い介入していた。

全国税書記長と一九六五年（昭和四〇）採用二五期の座談会に、班別指導の実態が語られている。

書記長　税講（普通科研修）の教育はどんなものだった。

A　一番印象に残っているのは労働組合に関することですね。とくに班別指導がひどかった。十六人が一つの班になって、二つの組合について討議させられるのですが、教育官が全国税のことをことさら悪く強調していました。（）内筆者注。「全国税」67年1月5日）

このように明確に介入する教育官ばかりではない。ある班別指導で教育官が、税務署には二つの組合があり、一つは総評に加盟する全国税で過激な活動をし、もう一つは同盟に加盟する国税労組で、と説明していたら、研修生の一人が「全国税には入るなということですよね」といった。教育官は「そういうことではないんだけどねぇ……」と口ごもってしまった。

教育官の口ごもり方で、これはかなり面倒な問題で、教育官はこのテーマにかかわりたくないと思っているのでは、との印象を抱かせるに充分であった。

寄り道　**外部講師の顔ぶれ**

普通科では教養講話がおこなわれていた。一九六三年度（昭和三八）では年間五四時間ある。一九六八年（昭和四三）以降は三六時間に減らしたが、かなりの時間をあて重視していた。

講師の大半は外部講師である。その顔ぶれを見ると、どういうツテで講師依頼をしたのか驚くほど、各界で名の通った人物が登場する。

一九六九年度（昭和四四）の教養講話の講師陣をみると、政治の分野では桶谷繁雄、細川隆元と保守派の評論家が並ぶ。数学者の矢野健太郎、オリンピック三段跳び金メダリストの織田幹雄、南極越冬隊長村山雅美、ベストセラー『頭の体操』の多湖輝など、当時の有名人が講師となった。

エピソードをひとつ。この年、福良俊之NHK解説委員が「日本経済の展望」と題する講話をしたとき、あることが起こった。計画を上回る経済成長が続いているさなかであり、政権を担っていた佐藤内閣を評価する、と講師がいったところ失笑が起こった。長期政権を続けていた佐藤内閣への皮肉まじりと受け取ったのであるが、講師は真顔で少し怒る調子になり、これはまじめにいっていることだ、と失笑を非難した。

当時は七〇年安保などをめぐる「政治の季節」であり、研修生のなかには政治に関心を持ち、政権を批判的に受けとめている者は少なからずいた。失笑は起こるべくして起こった。

アフターケアの実態

卒業後、署に配属された職員がどのような問題を抱えているのかを聞き相談にのるアフターケアが、普通科教育官によっておこなわれていた。

だが、通常のアフターケアではなかった。社会党、共産党をどう思うかという思想調査に及び、また全国税に入るな、国税労組に入れと迫るなどの不当労働行為がおこなわれていたため、全国税はアフターケアの廃止を求めていたところ、その実態が明らかになった。一九六八年（昭和四三）におこなったアフターケアの結果を国税局長に報告した秘文書があり、これを「全国税」（69年10月15日）で暴露した。

この秘文書の報告では、勤務状況、職務に対する意識、寮生活の不満、仕事上の不満を聞き取りしているほか、全国税が職場でどのように活動しているか、どのように接触しているかなども具体的に聞き取っている。

新人職員が全国税をどう思っているかも聞き取っていて、「税大で教えられたようにはマル全（編注＝全国税のこと）は悪くない。税大での組合問題の教え方は偏向教育だという感触が広く抱かれている」と報告された。労働組合について当局に都合のよい解釈を押し付けられたと受けとめていた。

普通科研修で帰属意識の育成をした新人が、全国税に好感を持っている。当局にとって期待はずれの結果であった。

ウブな普通科、そうではない専科

大卒程度の国税専門官（以下は国専または専科）の採用は一九七一年（昭和四六）にはじまった。採用後三か月の基礎研修をおこなうが、普通科研修でおこなっていた全寮制と班別指導を、しばらくの間取り入れなかった。帰属意識を育成する手法をなぜ専科基礎研修には導入しなかったのか。不要と考えたのであろうか。

築島尚岡山大学教授による論文「大学校におけるインフォーマルな人間関係の形成」（「岡山大学法學會雑誌」2017年3月）では、専科を若松町から普通科のある船橋校舎へ移転準備をしていた当時の税務大学校長が「普通科というウブな教育の場と必ずしもそうではない（？）場とを併設してよいかという問題やら……賑やかに議論された」（『税大教育50年のあゆみ』国税庁税務大学校、1991年）と回想していることに着目し、「同校の運営側が、一定の自由を経験した大学卒業者とは異なる教育を普通科研修生に対して意識的に行っている証左となろう」、また普通科研修での人間形成のための教育について「一般の大学生活を送った後に入校してくる国専試験採用者となると、普通科と同様の教育にうまくなじめるかわからない」と考察している。

専科基礎研修生はその年の三月に大学や大学院を卒業した者だけではない。民間企業の勤務経験者、結婚して子供のいる者など様々である。税大の運営側は、普通科生徒とはちがう接し方が求められていると受け取った。

まだ様々な価値観にふれていない、高校を卒業したばかりの者に意識付けをするのは容易だ。だが大学、さらに社会人経験が少なくない国専採用者は多くの価値観にふれていて、同じ手法での意識付けはできない、かえって逆効果になるのではと慎重にとらえた。

ところが、国専採用開始から一〇年後の一九八〇年（昭和五五）、班別指導を専科基礎研修にも一五時間導入した。国専に対しても組織の一員である自覚、帰属意識の育成が必要と判断したことになる。

しかし、普通科生に対しては、職場への帰属意識の強化等の徹底とまで求めているのに比べ、専科生には、税務職員としてふさわしい意識、態度を求める程度にとどめている。専科生の班別指導では「ウブ」な普通科生とちがい、様々な経験を経てきているので、反発をまねかないよう考慮したのであろう。

普通科は「今後の税務行政を左右」

普通科生に帰属意識を強く求める理由はもうひとつあった。普通科研修について、前掲石橋論文には「今後の税務行政を左右する極めて大切な基本的なものであると考えている」とある。この論文の刊行は、一九七一年（昭和四六）に国税専門官試験採用がはじまる三年前である。この頃職場では、大卒採用をした場合、既存職員の処遇などにどのように影響するのか不明で、試験の当面中止また採用の中止など議論が起こっていた。

大卒者の受け入れが困難な職場の状況を踏まえ、今後しばらく税務行政を支えるのは、普通科研修で帰属意識の育成をはかった高卒職員と判断したと考える。

また両者の採用数を比較しても、普通科は一九六三年（昭和三八）採用の一二三期以降、毎年五〇〇名以上が配置されているのに比べ、国専採用数は当初四年間は毎年約一〇〇名で、普通科採用数の五分の一にとどめた。

当局は、職場に対する帰属意識を育成した普通科卒職員を、税務行政を支える集団とし、しばらくの間は重用していこうと判断したと考える。

「若い力で職場を改善」

国税当局は「人間形成のための生活指導」を初めておこなった普通科二三期生には大いに期待した。それは「局報」の特別な扱いに現れている。

二三期生の卒業式での局長祝辞は、「局報」(64年3月27日)の第一面で「あらゆる誘惑にまけずしっかりした自主的判断を」の大見出しで報じられた。前年までは局長祝辞の内容は載せていないが、この年は掲載した。局長祝辞の最後は「若い力で職場を改善していくという気持ちで、皆が十分その職責をつくされ」としめられている。

「職場を改善」してほしいとまで二三期へ期待し、一二三期からはちがうというメッセージを「局報」を使い職員に周知しようとした。

このときの職場は、全国税排撃を強行する当局と、これに対抗する全国税が対峙しているさなかである。そこに、「人間形成のための生活指導」を初めて実施し、職場への帰属意識を持った税務職員を目指し育成してきた二三期約六〇〇名もが署に配置される。「局報」では、卒業式だけでなく二三期を頻繁に登場させた。卒業を控えた二月に都区内の各税務署を見学、東京国税局も見学し局長が訓辞を贈り、それに応えて二三期代表のあいさつする模様を写真入りで載せた。二二期以前とは「局報」に取り上げる量、質とも段ちがいである。二三期が職場に新しい風をふかせてくれることを狙ったキャンペーンだ。

3　「新任寮」で三年間寮生管理

大規模寮を建設

一年間の研修を終えた普通科生は各税務署へ赴任するが、一九六三年（昭和三八）三月卒までは、独身寮が足りていなかった。受け入れ署では、辞令がでてから大急ぎで下宿などを探しはじめることもあった。納税協力団体の役員をしている酒屋などに、空いている部屋があれば下宿を頼んだりもした。

だが、二三期から住居探しは一変する。この年税務署に赴任した新人は約六〇〇名。うち他局から東京国税局への出向者は三五六名もいて、住居が決まっていないのであれば大混乱となる。事前に住居を用意する必要に迫られていた。

当局は二三期の受け入れのために大規模な独身寮をあらたに三か所も建設した。そのひとつである国分寺寮は五階建て二棟で二四〇人収容できた。新人職員は住居の心配から解放された。食堂も開設されたため住居費だけでなく食費の節約にもつながった。

「局報」（64年4月3日）では、二三期がこれらの完成したばかりの寮に入る様子を三頁の特集記事を組み、臨場感のあるルポ形式で伝えた。

他局から東京局へ出向してきた三〇〇名を超える二三期が上京する場面からはじまり、国税局で辞令交付、そのあとバスに分散し、国分寺寮、下十条寮などの真新しい寮へ入る。そして翌日税務署へ初出勤し署内のあいさつ回りをおこなうまでを、写真をふんだんに使い報じた。

一方、二三期とは対照的に、二二期以前はかなりガタがきている寮に居住を余儀なくされていた。足立区にあった梅田寮では水道が使えなくなり修繕されないままのため、寮生は顔も洗えず、署に出勤してから口をすすぐなど、かなりの不便を強いられていた。

税務職員が専任で寮生管理

新人が入る三寮には専任管理官と兼任管理官が発令され、「局報」には管理官の氏名と共に、新しい寮の様子が報じられた。

「専任の管理人―寮長さんをおいて、寮生の生活や生活上の面倒を見ることとする外、厚生面の手助け等も行なって、寮生に安心して快適な生活を楽しんでいただくこととなりました」

（「局報」64年4月10日）

「専任の管理人―寮長さん」とあるが、どのような人物をあてたのか。それまでの寮は、税務職員でない管理人（寮長）を配置していて、寮生の管理はゆるやかであった。だが、新設された三寮には、四〇歳手前の税務職員を専任管理官として配置した。

これらの専任管理官を配置した寮には、普通科をでたばかりの新人職員を、その後三年間居住させ、専任管理官が寮生を管理した。これを当局は「新任寮制度」と呼んだ。

その後も新任寮が相次いで建設されたため、専任管理官は一九六七年（昭和四二）に九名に増員、一九八五年（昭和六〇）には、一二名にのぼった。その後普通科採用者の減少とワンルームタイプ寮の新設で、四〇年近くを経て二〇〇二年（平成一四）に配置なしとなったが、それまでの三九年間に延べ三〇〇名を超える専任管理官がこの職務にあたった。

家族ごと住み込む専任管理官

専任管理官は激務であった。税務署の仕事とはまるでちがう。家族ともども寮に住み込み二四時間同じ寮にくらす。寮にはエネルギーあふれる若い職員多数が居住する。寮生が熱をだせばその看護にもあたるなど、負担を強いられた。

一九八六年（昭和六二）から三年間に配置された専任管理官一五名について、人事異動の流れを見てみると、いくつかの特徴が確認できる。この人事配置をパターン化するとこうなる。

税務署で上席を二年→独身寮の専任管理官を二年→第一選抜（同年採用中で最初の発令）で統括官昇任。

署の上席からの昇任は、管理職ポストの空き数にもよるが、第三選抜以降にはじまり、第六選抜あたりまでに昇任しないと、その後の昇任は急減する実態があるのに、専任管理官は国税局厚生課に所属しているものの、二年勤めると全員が統括官等に、しかもそのほとんどが第一選抜で昇任するという人事は異例である。これは、国税当局が専任管理官の業務を重視していることの証左である。

寄り道

おじさんと呼ばれる

はじめの頃は、専任管理官が税務職員であることは周知されていなかったようだ。年齢が四〇歳くらいなので「おじさん」と寮生に呼ばれることもあった。専任管理官は、二年勤めると統括官に昇任し署に戻る。税務署では統括官と新人職員の関係になる。「おじさん」と寮生ではない。

同様の話をもう一つ。風邪で寝ていた寮生が回復したので、専任管理官が部屋に呼び、様子見がてら税務署の仕事のことなど雑談をしているうち、「役所のことにくわしいけど、ここに来る前はなにをしていたのですか」と寮生は聞いた。税務職員とは知らなかったので、管理人になる前はど……のような仕事をしていたのか、寮生にしてみれば不思議だったのだ。

蔵書など私物検査

安心、快適、よいことずくめの言葉が並ぶ「新任寮」であるが、入寮した新人職員は手放しで喜んでいられない現実に、その後きづくことになる。

管理官と寮生は、ふだんは和気あいあいとしている関係であるが、すぐに不満の声が上がった。来客を入室させない、夜おそく帰寮すると階段の電気代が上がるといって怒る、外泊する場合は事前に期間と往き先の届出をせよなどと厳しい管理に不満がわき起こった。

寮生からは「どうして個人の行動まで制限するのだろうか、寮では規則にしばられ、これを逃げて外出すると管理官に非難を買う……こんなことはがまんできない」(「全国税」64年10月25日)との声が上がった。

自分の部屋にだれを入れるのか、どこに何日外泊するのか、新人職員は研修を終えた後の三年間、いちいち管理された。門限も厳しかった。

この五年後、専任管理官らが無断で部屋に入り、蔵書など私物検査をしていた実態を機関紙「全国税」が告発した。普通科の担任教育官が、税務署に配置になった普通科職員をアフターケアで巡回し面談したとき、ある職員は、教育官が寮の自室に置いてある書籍名まで知っていることに驚いたとの内容だ。見出しは「局員ら独身寮生の蔵書など私物検査」、「まるでコソ泥かスパイ！」とある。

「寮生が出勤している間に、専任管理官と局員が勝手に部屋に入り込んでいるのは知っていましたが、書棚の本を調べ、教育官に通報しているなんてイキスギ」（「全国税」69年6月20日）

国税当局と、研修所教育官、新任寮の専任管理官が一体となって、研修後も「新任寮」の三年間は、仕事や生活ぶり、さらに蔵書を調べ思想の傾向まで監視していた。

組織のなかの一員という自覚

二三期が税務署に着任してひと月後、「局報」に「私の抱負／二三期生・新人女子職員に聞く」の見出しで、二三期と新人女子税務職採用職員のインタビューが載った。ある二三期は語る。

「いかなる職務に従事するにせよ、組織の中の一員という事も十分自覚したうえで最善を尽くして、自己の責務を果したいと思っている」（「局報」64年5月1日）

組織のなかの一員という言葉は、前述石橋論文の「人間形成のための生活指導」の説明で「組織の中の一員であるという自覚の養成、職場への帰属意識の強化」と表現している言葉そのものである。「局報」のインタビューなので、職員が意識して答えるのは当然としても、「人間形成」を重視した研修の成果として、局幹部はとらえたであろう。

局部長が寮運動会で涙

一九六五年（昭和四〇）の「局報」に、「年間裏話」局部長覆面放談会という、週刊誌まがいの見出しの記事が一面トップに載った。当時の部長なので、キャリアの座談会である。

覆面放談会のため、公式にはない発言も。局の指示通達に署がしばられすぎているなど、苦悩している署の実態に理解を示す発言もでた。そして仕事の話題から、若い職員へ話が及んだ。

「今の若い寮生は皆非常におとなしいというんだ。若さのはけ口をどこに求めているのか、むしろ心配になったね。その点で今年初めて行なった独身寮の運動会、あれは良かった。グランド一杯にみんなが狂喜乱舞しているところを見て涙がでてきた」（「局報」65年12月23日）

独身寮の運動会にキャリアの部長がなぜ参加したのか。そして感動の涙を流したとあるが、なぜそれほどに感動したのか。

新任寮制度への期待

部長が感激した独身寮運動会であるが、開催された一〇月二九日は平日である。国税局主催のレクリエーションとしておこなわれたのだが、寮生の自主開催なら平日にはできない。「局報」（65年11月15日）では、写真をふんだんに使いその様子を伝えた。部長だけでなく国税局長も参加しあいさつまでしている。力の入れようがわかる。

寮対抗方式で競い合い、二〇種目もおこなった。「大会の成功を祝福するかのようにグランド一ぱいに若さとエネルギーが爆発」、午後四時に終了した。

だが、当局がここにたどり着くまではかなりの準備をし、努力、工夫を要したことは容易に想像できる。まず大規模な独身寮三棟を建てるだけでも簡単ではない。土地の手当て、建設予算の獲得。予算を担当する主計局としては、他省庁と比べて国税局だけに多額の予算をつけることはできない。

また、国税庁だけの権限で、税務職員を署から引き抜き、独身寮専任管理官という新設のポストに就かせることはできない。だがキャリアは、これらの困難な課題を突破し実現にこぎつけた。

一方、新任寮に入る寮生は喜んでばかりとはいかない。普通科の全寮制管理に引き続き、さらに三年間専任管理官が配置された寮で人的管理をされるのだ。この新人管理の手法をつくった側にいる部長にしてみても、成功するのか自信があったわけではない。はたして若い寮生に受け入れられるのか、門限や面会制限などで寮生の反発が起きていることも聞いている。そこで新任寮での生活をさらに受け入れてもらえるよう寮対抗運動会を局主催で企画したにちがいない。

部長の眼前には「若さとエネルギーが爆発」する八〇〇名もの寮生の姿があった。部長の流した涙からは、あらたな税務職員づくりを決断し、その一環である新任寮制度への期待と意気込み、そして運動会は成功したとの安堵を感じ取ることができる。

帰属意識を持った税務職員

普通科研修と、その後の新任寮での合計四年間、全国税を排除し新人職員を囲い込む手法で、帰属意識を持った税務職員の育成がはじまり、その一連のプロセスに投入された新人が毎年各税務署に多数配置された。

まず二三期約六〇〇名が各税務署に配置となり、その後三三期までの一一年間は毎年五〇〇名を超える新人が配置され続けた。

一例として、神奈川県藤沢税務署の配置数をみると、毎年二〇名ほどの新人が配置され続けている。新人は三年で都区内の税務署に配置換えになるが、それでも二〇〇名ほどの署員のうち約六〇名もが三年未満の若い職員に入れかわる。

彼らは研修所での一年間、同じ釜の飯を食い同じ学寮に寝起きした同期の仲間である。周りの職員からは、若くて新鮮な一つのカタマリに見えたにちがいない。

それだけではない。彼らは帰属意識を持ち、自主的に職場に参加する税務職員となるよう育成されてきた。この方針に反発する新人もいるが、署の先輩職員はいままでとはちがう新人として認識することになる。

その一例であるが、毎朝早く出勤し、机ふき、灰皿の整理、お茶入れなどをする行為は、彼らが持ち込んだ。

「お茶くみは『男性は机ふきで女性はお茶を入れるね』と話し合いで決めました。でも、普通科二四期からは一番下の職員が朝早く来て机もお茶もやるように変わりました。」

（「全国税東京」頑張る女性の四二年間①、2002年6月28日）

これは自主的にはじめたことなのか。普通科の班別指導で教育官からいわれたという普通科二五期の証言がある。

「努力しだいで署長にもなれるから頑張れ、とよくいってました。それから職場には女の子がいないから、お前らがお茶汲みをしろ、ともいっていました」（「全国税」1967年1月5日）

早朝出勤、机ふき、灰皿片付け、お茶入れは、新人がおこなうこととして、ここからはじまり、一年後に新人が入ってくると、それを「伝統」として引き継いでいくこととなった。

4 「人間形成」策の矛盾

帰属意識を持った税務職員づくりは、多額の予算と人材をつぎ込み成し遂げようとするもので、ときには強い軋轢《あつれき》を生むのであるが、それでも強引かつ柔軟におし進められていった。

普通科偏向教育を告発

一九六三年（昭和三八）以来普通科研修では、全寮制下で人間形成のための生活指導を強化してきた。しかし、研修生といえども国家公務員としての勤務であり、時間外は自由である。その矛盾が次第に露呈してくる。

普通科の寮で、持っている本をチェックされた。夜の自習時間は拘束され、規則違反をすると反省室に入れられた。彼らは普通科卒業後、税務署に赴任し、外の空気にふれるうち、研修所の生活が普通でなかったことを認識しはじめる。

全国税は、研修所の異常な実態を把握し告発する。

一九七〇年（昭和四五）七月一〇日、衆議院社会労働委員会で社会党の島本虎三議員が普通科研修の問題点を追及した。

島本議員　大内兵衛氏の「財政学入門」や大学受験の参考書などを読むのを禁止されているというが事実か（それは何事だ！　税務署は全くひどいと議員席から激しい追及の声）。

国税庁　一般教養として、読みたい本を制限するつもりはないし、したこともない。

島本議員　門限を設けて、遅れると反省室にぶち込んで自己批判を求めたり、けん責処分をするなどけしからんことが行なわれている。

国税庁　集団生活の秩序を守るため、部内でとり決めて、違反したものを、教官と一対一で話し合ったり、一人で反省させるなどを行なっている。

島本議員　いまどき、独房に入れたりすることはやりませんよ。（「全国税」70年7月25日）

一九七二年（昭和四七）五月、社会党、日本共産党の国会議員合計七名が東京研修所の現地調査に入った。この調査の結果、全国税が旧軍隊の営倉と同じだと指摘していた「反省室」を廃止したことがわかった。だが依然として謹慎の処分は続けられ、たばこの吸いガラを持っていたというだけで三日間の謹慎処分にしているなどの実態が明らかになった。

未払い超勤分を払え

一九七三年（昭和四八）六月、全国にある普通科研修所で、一九六三年（昭和三八）から一〇年間で、超過勤務手当と研修旅費の未払いがあるとして、全国税は人事院に総額二八億円余の支払いを求め行政措置要求をおこなった。

研修は勤務の一形態であり、勤務時間外拘束のうち、朝のラジオ体操一五分、夜の自習時間二時間は超過勤務だとし、未払い分を請求した。研修旅費は、他省庁では全寮制研修でも法令にのっとり支給しているとし、これも請求した。

同年一〇月九日、人事院の第一回審理がおこなわれた。全国税は、人事院の審理官に対し実態を告発した。

「仙台では、ラジオ体操にでなかった人に対し、罰として昼休みに町なかを走らせ、教育官が自転車にのって監視している」

「審理官と記録係の人が『昼休みにですか!』と声をあげて驚くという一幕も」

（「全国税」73年10月22日）

ラジオ体操をさぼった者に便所掃除をさせたとの指摘に対し当局は、罰を加えたわけではなく教育官との話し合いから研修生が反省し自発的におこなったと弁解をした。

一九七六年（昭和五一）二月、人事院は未払い超勤、旅費の請求に対し「そのいずれも認めない」との判定をだした。勤務時間については、教科目だけが勤務だとし、自由であるべき時間に当局の強制、拘束力が及んでも、是正が問題になるだけと退けた。

当局のやり方が全面的に認められたわけではない。行政措置要求提出の四か月後、全国税は研修中の三三期に聞き取りをしたところ、自習時間などの拘束がゆるやかになったことがわかった。自習時間中に外出しても官補に少し注意されるだけ。また朝のラジオ体操は、以前なら参加しない者はグランド五周などの罰が課せられたが、あまりいわれなくなっていた。

当局は、行政措置要求がだされたとわかってから、批判をなるべく避けようと、密かに研修生の管理をゆるめていたのだ。

新任寮の人的管理

普通科卒業後、新人職員の大半は新任寮に入る。寮はプライベート空間であるにもかかわらず、普通科研修に引き続き専任管理官（専管）が人的管理をおこなう。当然軋轢が起こる。

一九七四年（昭和四九）、全国税は独身寮で起こっている問題で長官交渉をした。

組合　おそく帰ると統括に通報され、文句を言われる……神田寮では、訪ねてきた友人を、ま夜中の二時頃にスリッパのまま専管が追いだし、鍵をかけた……中には信書の秘密をおかす専管さえもいる。

長官　過保護といわれるかもしらんが、一人まえの人間になるまで、まちがいを起こさせたくない。また、集団生活にはあるていどの規律が必要だ。

組合　長官は青年を信頼していない。一人まえの職員じゃないか。

長官　職員は信頼している。しかし若い人は、われわれよりしっかりしていない。世間の波に抵抗力がつくまでは、先輩がついて育てることが必要だ。

組合　人間形成過程に対する干渉だ。

（「全国税」74年12月20日）

専任管理官が厳しく管理する対象の寮生は、普通科卒の男子だけだ。高卒の女子採用者と大卒程度の国専採用者は対象外だ。長官がいう「若い人は、我々よりしっかりしていない」の対象に、この二者は入っていない。長官の回答はいかにも苦しい。

寮と税務署一体で監視

他省庁の寮管理の仕方は、国税局の寮とちがいがあるのであろうか。国税局と税関以外は、自治会が活動していて自治会規則により運営している。門限があるのも国税局と税関だけ。あとの省庁は門限はない。

面会人を面会簿に書かせたり、外泊するときは「外泊簿」を書かせたりするのは国税局だけ。専任管理官を配置しているのは国税局と税関。ほかの省庁は、寮母、アルバイトなどが管理人をしている。

大阪国税局で、極秘通達「新任職員受け入れにあたっての管理者研修資料」が明らかになった。この研修資料では「監督者は寮管理官とたえず連絡をとり、寮管理官とともに常に生活態度を観察しながら、問題点の協議及び善導の対策をたてる等密接な協力体制をつくるよう努力する」（「全国税」75年10月15日）とあり、新人を税務署と寮が一体で監視していることが判明した。

寮新築しても入居させず

一九七六年（昭和五一）、新人を三年間人的に管理をする新任寮制度に固執するあまり、寮が新築してもだれにも使用させない異常事態まで起こった。

「完成してからまるまる一年、空家のままになる寮があります。百人を個室に収容できる港南寮で、今年七月完成したのに、来年の三六期生着任時まで入室公募しないというのです」

（「全国税」76年12月5日）

港南寮は三六期を三年間管理するための寮として建てた。だから寮が完成しても三六期が卒業するまで空室のままにしておいたのだ。

普通科での帰属意識の育成に引き続く三年間、新人職員を囲い込んで人的管理をおこなう新任寮制度は、どれだけ批判されようとかたくなに強行し続けた。当局にとっては、これを徹底するだけの価値があるものであった。

第三章　「局報」柔らかく変身

1　職員の顔が見える「局報」

職員が素顔で続々登場

一九六〇年（昭和三五）の段階で、大企業のほとんどが社内報をだしている。職場の人間関係をつくる基礎段階で、会社に対する信頼感を持たせるための労務管理手法として活用した。当局はこの手法を取り入れた。使用者と対峙するのではなく、帰属意識を持ち、自主的に職場に参加する税務職員の育成をはじめたが、その新人を職場に受け入れさせ影響を広げていく、その手段として「局報」を使った。

従来の「局報」は会議の記事や各部署からのお知らせ、人事異動や訃報などを主に伝えるものであったが、明らかに変身をはじめた。週一回の発行であったが、内容も週刊誌風にくだけてきた。一九六四年（昭和三九）になると、職員個人が素顔で登場する企画が続々とはじまる。

同年一〇月、若い女性職員だけを対象にインタビューする「若い素顔」のシリーズがはじまる。写真、所属、氏名、年齢まで入っている。税務署の男性の印象は、好きな男性のタイプは、などと聞く。

翌一九六五年（昭和四〇）一月には、「成人式を迎えて」の大見出しで、成人になった職員に、一〇代の思い出、私のジンクス、今年やりたいこと、夢、理想の男性（女性）を答えてもらう記事が。これもしばらく続けられた。

同月、「希望訪問」シリーズがはじまる。これに新任寮の専任管理官も登場させる。家族とども寮で暮らしているため、写真には夫婦並んで収まっている。特に気を遣っていることは火災、一番つらい思いをするのは寮生の病気、とインタビューに答えている。

このシリーズには別の管理官も登場させたが、専任管理官を設けて間がなく、また家族ぐるみで寮生の世話にあたっていることなどをアピールし、職員への理解を深める趣旨があったと思われる。

同年一二月からは、「アンテナ　窓口シリーズ」の題で電話交換手のインタビュー記事を七回連載した。勤務中は交換室に入るため、周りからは見えない交換手に光を当てた企画である。

一九六四年（昭和三九）からの二年間、「若い素顔」、「希望訪問」、「ただいま新婚一年生」、「アンテナ　窓口シリーズ」など、写真、氏名入りで職員個人を登場させるシリーズを続々と企画した。これを見る職員は、知っている職員が載ることで「局報」を身近に感じる。さらにシリーズものなので、次はだれが載るのか期待することになる。

テーマも恋愛、結婚、旅行、ファッションなど若い職員の関心のあるものを取り上げ、それだけでなく職員を素顔で「局報」に続々と登場させ、「職員参加型の職場」というイメージをつくっていこうとする。

二三期以降、帰属意識を持つ税務職員の育成をはじめたが、自主的、積極的にかかわろうとする意識を持つ新人を、職場が受け入れ馴染んでいくよう「局報」は柔らかく変身し、その役割を果たそうとする。

局長、中堅職員の不満を聞く

国税局長と、税務署の中堅職員である係長との座談会が掲載された（「局報」66年11月1日）。「第一線はこう思う　局長を囲む座談会」と見出しがついている。

中堅職員の不満に目を向け発言させている。局長は「皆さんのほんとの発言が聞きたいわけです。遠慮なしにむしろ悪口が必要」と発言をうながす。

ある係長は、職場をリードしている四〇歳手前の職員の抱える問題は安い給料など待遇の改善で、士気にもかかわる、税務行政にもマイナスだなどと率直に訴えた。

中堅層の退職者増加は数年前から目立ちはじめていた。戦後の混乱期、職員不足対策で、一九四九年（昭和二四）から二年間、旧大卒者、経理経験者などを臨時で大量に採用したが、十数年たっても昇任が遅く、給料も安く、彼らは今後の展望を見出すことが困難になっていた。彼らと同年代で、企業に就職した者たちは、給料もかなり高くなり、課長などの管理職に就く者も少なくない。

不満のおおい中堅層を「局報」という脚光を浴びる舞台に登場させ、局長に向かって本音を語らせた。中堅層の重要性は理解している、今後も税務行政を担い続けてほしい、とのメッセージを感じる座談会である。

税務署で起きている問題点、課題にあえてスポットライトをあて、当局の改善姿勢を示すため「局報」を活用している。

寄り道

マルサの女

一九六九年（昭和四四）八月の「局報」（69年8月11日）に、「後輩のために何でも言おう／局長を囲んで退職署長大いに語る」の見出しで、局長と元署長の座談会が載った。

ある署長が、税務職員が主人公のテレビドラマがない、と局長に水を向けると、局長は、査察官を主人公にしたドラマを考えいろいろ折衝したが駄目だったとし、「書類をひろげて、ソロバンを弾いている図なんか、あまりドラマチックな絵じゃないから」と語った。

女性査察官が主役となる「マルサの女」が映画化するのは一九八七年（昭和六二）である。局長の願いは、この座談会の一八年後に叶った。

「マルサの女」を見て税務署に入ったという職員の声が、職場のあちこちから聞こえてきた。この映画はマルサの仕事を世間から注目させただけでなく、税務職員の採用にも貢献したのであろう。

家族の心配せず働け

現職者が死亡すると、税務署内に「お悔み放送」が流される。「総務課から連絡します。○○税務署徴収部門、統括国税徴収官○○○○様におかれましては△月×日逝去されました。なお、お通夜は△月×日……」。

この「お悔み放送」は税務署独特のものであろう。事情を知らない納税者が来署していて、たまたまこれを聞き驚かれることがある。

総務課長は、現職者死亡の連絡が入ると忙しくなる。速やかに遺族と会い、葬儀をどのようにするか相談にのる。また当日の案内や受付、会計など人の手当てを差配し、弔辞をだれが述べるか、その順序まで関与する。通夜、告別式の裏方の手伝いには税務職員がでる。税務署が葬儀を仕切るといってもよいくらいだ。

これだけではない。残された配偶者が今後働かねばならない場合には就職先まで相談にのった。「もしお前が途中で死んだら、奥さんや子供の面倒はみる。心配しないで思い切り働け、ということか」などという者もいるが、あながち的外れではない。

「局報」でも、黒枠で囲んだ訃報記事「おくやみ申し上げます」を掲載する。写真、氏名、所属、年齢、死亡日、死因、遺族の住所、さらに「御遺族は○○子夫人と二名の御子息がおられます」などと遺族の情報も載せる。訃報は「局報」の当初からあったと思われる。

自然発生的にはじまったと思われるが、一九五〇年代には、現職者が死亡したとき、遺族に養育中の子がいる場合などは、職場内に香典を回欄し募っていた。知らない人の香典を募るのかとの批判もでた。

その後、遺族の生活が困難になる場合は「奉加帳」の体裁を取り、各税務署に広くまわされるようになった。発起人には、死亡者が法人税担当であれば国税局法人税課長、所属税務署長、死亡者と同期の代表などが名をつらね、趣意書には遺族の家族状況を記す。たとえば残された子息が何人いて、何歳で、今後の養育が困難であることなどを記し、生活支援金を募るものであった。

奉加帳は一九七〇年代までまわされていたが、「グループ保険」という団体生命保険が一九六五年（昭和四〇）頃からはじまるにつれ、見かけなくなっていく。「局報」でも応募を呼びかけ、一九七一年（昭和四六）には職員の八割超が加入した。

だが、奉加帳がまわされるたびに、自分が寄付するかどうかは別にしても一万人を超える税務職員がこれを目にしていたはずだ。知らない職員のことであっても、同じ税務職員として支援してほしいと呼びかける行動、またそれへの共感は職場に広く存在していた。

2 普通科にスポットライト

国専を小さく扱う

「局報」では、新人採用時の辞令交付式を毎年記事にしている。一九七一年（昭和四六）の辞令交付式も「局報」に掲載されたが、紙面の扱いが異常であった。

普通科は「三一期が東京研修所へ」の見出しで、写真も大きく載せている。そのとなりは女子職員辞令交付式が写真入りで載り、六日間の研修をおこなったこと、自己紹介では「出身地のなまりも飛びだすなど笑い声のたえないなごやかなふんいき」と伝えた。

ところが、国専にふれる記事は、女子職員の記事のあとにわずか四行。

「また、国税専門官試験合格者は百名が採用され、四月二日、辞令交付式が行われたあと、直ちに三か月の実務研修に入った」（「局報」71年4月12日）。たったこれだけだ。

この年、大卒程度の国専を初めて採用した。税務署にとって初めての大きな出来事で、一面トップ、写真入りで載せるくらいニュースバリューがあるのに、小さく地味な扱いだ。写真もない。

これに比べ、普通科は同年五月の三〇期の卒業式も「局報」(71年5月24日)一面で「税務の職場に新風を」の大見出し、写真も紙面の半分ほどを占めている。

さらに五か月ほどあと、新人用の荻窪寮に入った三〇期一〇名と局総務課長の座談会が「局報」に載った。「若者の生活と意見」の大見出しで、登山、映画、読書、ガールフレンドなど柔らかい話題などで三頁も割いている。

このように、普通科は何度も「局報」に登場し脚光を浴びているが、国専は辞令交付式だけ。翌年の辞令交付式も「清新な気を職場に／新入女子は一〇七名」の大見出し、写真も女子職員辞令交付の模様が大きく載っているが、国専は写真がなく、期別(最初の採用を一期とし、順次二期、三期と呼ぶ)も入っていない(「局報」72年4月10日)。

税務職員同士では、期別で呼び合うことが当たり前で、「局報」でも普通科は期別で表示されている。この翌月、普通科卒業式の模様は「三一期生巣立つ」の一面大見出し。こちらは見出しに期別が入っている。写真も大きく取り上げている(「局報」72年5月29日)。税務職員にとって期別は重要だ。

国専採用をはじめてから八年後、一九七九年(昭和五四)の辞令交付式の記事では、女子職員と国専の写真が横並びに同じ大きさで載った。期別も「国税専門官九期」と記されている。ようやく女子採用とはバランスが取れた。

普通科と女子採用で座談会

一九七二年（昭和四七）の「局報」に「仕事の秋／若者は語る」の大見出しで、この年税務署に配置になった普通科三一期、新人女子職員と局総務課長の座談会記事が載った。三頁にわたる企画だ。

局総務課長が冒頭発言をした。

課長　皆さん方はこの春職場に配属になって以来三か月から五か月の間、適正課税の実現という大事な仕事に携わってきたわけです。東京局の場合は……二十代の職員が四割近くを占めています。したがいまして、若い職員の果たす役割りが大きく、それだけに若い人の活躍が期待される職場でもあるわけです。（「局報」72年9月11日）

局総務課長は「適正課税の実現という大事な仕事」、「若い人の活躍が期待される」と発言しているが、その期待は普通科と女子職員だけに向けられているかのようだ。明らかに異常な扱いだ。この年国専二期は一一七名が採用になっている。女子採用新人よりおおいのに座談会からはずした。この年、既に税務署には二〇〇名を超える国専採用職員が働いているのだ。

国税専門官の名称通り、当局は彼らがスペシャリストになることを求めていた。それは、普通科や女子採用とちがい、国専を総務課には配置しないし、途中で担当業務変更を希望しても認めてこなかったことからも明らかだ。

適正課税の実現に若い人の活躍を期待、というのなら、座談会には国専を必ず参加させるべきであった。このとき税務署にいて「局報」を見た国専採用職員は、どう思ったであろうか。

どんな普通科新人がくるのか

「局報」は一九七二年（昭和四七）から二〇年間、普通科生が研修を終え税務署に配置になるときに、不安があるか、やりたいことは、趣味は、などを問う「卒業アンケート」の記事をだし続けた。新人が税務署に赴任するときは、どんな新人がくるのか一番注目される瞬間である。「局報」もそこにスポットライトをあて、さらに注目度を高めようとした。

一方で、国専採用者が税務署に赴任するとき「局報」に載るのは「人事異動」だけである。国専が赴任するとき「局報」のスポットライトはあたらなかった。

国専の新人が「局報」に載るのは、この年から二五年もたった一九九七年（平成九）である。「ニューフェイスに聞く」の見出しで、普通科の新人九名、国専の新人一〇名からの一言インタビュー記事である（「局報」97年7月31日、8月29日）。ここでやっとバランスがとられた。平成に入ってから、国専採用数が普通科採用数を上まわってきたことも配慮したのであろうが、いかにも遅すぎた。

普通科に女性採用、はじける卒業式

一九八三年（昭和五八）の四二期から男女を問わない採用になった。同年採用三六三名のうち女性は四六名である。

四二期生の卒業式の「局報」は、男だけのときとは様変わりし、「はじける卒業式」と表現したくなるほどの様子を写真で伝えている（「局報」83年7月4日）。

カメラに向かって競うようにVサインをするくだけた様子の卒業生たちの写真が一面に大きく載った。さらに一〇人くらいで仲間の一人を胴上げする写真も。いままでにはなかった光景だ。胴上げの写真は四年連続で紙面を飾った。女性が加わったことで、従来の厳粛な卒業式とはちがい、かなり盛り上がった卒業式になった。また、卒業式だけでなく、体育祭や研修旅行などでも従来に増して若いエネルギーがあふれたものになった。

四三期生の「卒業アンケート」は、紙面を四頁に倍増し力を入れた企画に。そして、現在、恋人はいますか、相手はだれか、など、男女「共学」を意識した質問が加わった。

さらに質問は、理想の女性（男性）像、何歳位で結婚したいですか、将来酒や煙草をのみますか、などと続く。

国専も一九八一年（昭和五六）から男女が採用になり、署の調査部門にも女性が配置されるようになった。「男だけの職場」であった調査部門は様子が変わりはじめる。男性職員がまわりに気を遣いはじめる。たとえば、「PLAYBOY」や「平凡パンチ」などの男性週刊誌を無造作に机上に置いておくことはなくなっていく。

「みんなと青春できました」

一九八八年（昭和六三）の卒業時には「A君とBさんに研修生活などを直撃インタビュー」という記事も載った。男だけの時代の研修生活とはかなりちがった研修生活になっていたことがわかる。

「友達いっぱいできた」の質問には、東西南北に民宿ができ、彼女もできたと答える。学寮生活の様子では、門限破りの常習犯がいたこと、電話のとりっこ、シャワーのとりっこ、ホームシックもチラホラ、デートに大忙しも、など語られた。

……想い出は？

A君・Bさん　やっぱり体育祭、赤城青年の家、盆踊りなどの課外授業を楽しんだことかな。

……研修生活最後の感想を一言で！

A君　みんなと青春できました。

（「局報」88年7月1日）

普通科研修が青春をする場ともなっていた。これだけ変わってしまった様子は、男子だけの研修生活しか経験していない世代の職員にとって、想像すらできない。

将来署長になりたい?

一九八〇年(昭和五五)の卒業アンケートで「将来どの程度の地位まで進みたいか」が質問項目にあがった。三八%が税務署長等管理者の地位まで、と回答した(「局報」80年6月23日)。同様の質問は一九八五年(昭和六〇)にもおこなわれた。普通科に女性を採用しはじめて三年目である。

男性の回答は、署長二五%、局長一二%。女性の回答は、いけるところまで一五%、昇進したいと思わない一一%となっている(「局報」85年7月5日)。

初めて男性と同じ税務職に採用した女性職員が、今後の昇進についてどの程度の意向を持っているのか、当局は未知数であった。そこを知りたかったといえる。

男性は四割弱が署長以上になりたいと回答している。「退職までにはみんな署長になれる」とまでいう教育官もいたが、実際に署長以上に就く者は一割ほどだ(第八章3で詳述)。目指す道は険しい。だが当局は、ここにチャレンジしようとする研修生がこれだけいることは心強いと受けとめ、さらにもっとおおくが昇進の道を歩み続けるよう、その仕掛けを用意している(第四章4

で詳述)。

結婚うながす当局

柔らかく変身した「局報」。なかでも特徴的なのは、恋愛、結婚のテーマがおおく掲載されはじめたことだ。

一九六五年(昭和四〇)六月、「ただいま新婚一年生」のシリーズ企画が「局報」に掲載されはじめた。新婚職員に一言投稿してもらうというものだ。

前年から署に配置される新人職員が大幅に増加、女子職員も毎年一〇〇名近く採用され、若い男女の職員が職場にあふれるようにみえはじめてきた。この記事は、結婚してもなんとか暮らしていける、というメッセージを与えているかのようだ。

このシリーズは、途中から「新婚さん」と名称を変えて一九七〇年(昭和四五)まで続いた。相手のどこに魅かれたか、結婚式当日の模様などをインタビューしている。

一九七三年(昭和四八)、若い独身女性職員に、趣味や関心事などを聞く「お嬢さん」シリーズがはじまる。氏名、所属、顔写真が載る。年齢も入っている。

「局報」(73年6月20日)の「お嬢さん」に登場した女性は「お友達が結婚したんです。もうーうらやましくって」、さらに「いまはともかく恋人募集中とか」と答えている。このシリーズは、普通科に女子採用されるまで長く続いた。

一九七五年（昭和五〇）、結婚相談官が国税局に配置されたことが「局報」に載った。このポストができた背景には、結婚適齢期の職員が増加してきたことがある。

一九七七年（昭和五二）、この年に女子税務職で採用された全員を、「局報」に顔写真入りで掲載した。大見出しは「花も恥じらう……」。氏名、所属、趣味、一言が載る。「局報」に新人女性全員の顔が載った。男性職員に売り込んでいるとも受け取れる。女性職員は職場の花、という古い観念を感じる。翌年からは掲載がない。一度きりであった。当局は反省したのだろう。

普通科の卒業時におこなう「卒業アンケート」において、「恋愛していますか」の質問は、一九七二年（三一期）にはじまり、二〇年間毎年続けられた。

「局報」はこれら一連の恋愛、そして結婚をテーマとするシリーズやアンケートを載せ続けてきた。興味を惹くテーマで「局報」をアピールし、さらに職員の結婚をうながすものでもあった。

職場結婚割合上昇

いったい職場結婚の割合はどのくらいなのか。毎回「局報」の最後のページに、「結婚しました」のコーナーがあり、結婚月日、氏名、所属、相手の氏名が載る。これをもとに分析すると、一九八二年（昭和五七）の職場結婚割合は八％。ところが一〇年後の一九九二年（平成四）では二一％。その後は約三割にまで上がっている。

国専採用者は採用直後に三か月の基礎研修、さらに三年後に七か月の専科研修を受ける。年齢は二〇代後半、約三割が女性だ。ここが職場結婚のチャンスとなる。専科研修が職場結婚の増加に貢献している。

当局がなぜ結婚に積極的にかかわるのか。職員が結婚し、安定した生活を送ることができれば、その後の継続した勤務につながる。期待して当然といえよう。

夜間大学

一九八五年（昭和六〇）普通科四四期の卒業アンケートで、「あなたは、大学に通っていますか？」が質問項目にあがり、五割強が通っていると回答（「局報」85年7月5日）。

一九六七年（昭和四二）、お茶の水の明治大学のすぐ裏に、約五〇〇名収容できる七階建ての神田寮が新設された。夜間大学に合格した者は優先的に入寮できた。明治大、中央大、日大、専修大は寮から歩ける距離だ。六畳二人部屋で、それぞれが机と本棚を置くので、布団を敷けば畳が見えなくなるくらい窮屈な生活ではあった。

大学に合格すると、当局はその年の四月、大学に近い税務署に配置換えをした。また、通学者のいる部門では、超過勤務にならないよう配慮した。

一九八五年（昭和六〇）卒の普通科生は過半数が夜間大学に通っているが、このあとかなり減ってくる。二〇一九年（令和元）、あるＯＢ税理士が調査の立ち合いをしていたとき、若い調査担当者と雑談をした。

「いま夜間大学に通う人はどれくらいいるの？　以前はお茶の水に通学に便利な神田寮があって、大勢が通っていたんだけど」

「いまは少ないと思います。私のまわりで通ってる人は知りません」

「えッ、そうなの。なんでいかないのかなあ」

「わたしの場合、専門学校のときホントにメイッパイ勉強したんですよ。高校の時よりしました。税務職受かって勉強はもういいかなって。ほかの人もそうだと思います」

専門学校の猛勉強でエネルギーを使い果たし、向学心がうせてしまったのか。

税務職員にとって、夜学の象徴ともいえる神田寮はその後廃寮となった。跡地には明治大学一四号館が建っている。

弁護士、大学教授へ

普通科生の向学心がどの程度のものであったのか。向学心の指標として、普通科卒業後、弁護士、公認会計士、大学教授となった者を「税務大学校・税務講習所（普）卒業生同窓会名簿」（発行責任者宗村常吉、88年12月20日）をもとに東京研修所卒者を対象に調べた。弁護士が四名、公認会計士が一一名であった。

夜間大学にいくと、司法試験などを目指す自主サークルが活発で、これに刺激を受け奮起して挑戦する者が少なくなかった。

東京以外の研修所を卒業したあと、東京局に配置になった者を含めると弁護士数などさらに増える。

金井清吉弁護士は、普通科二〇期（仙台研修所）で東京局に配属、その後弁護士となる。鹿児島夫婦殺し事件では国選弁護を担当。一、二審は有罪判決であったが、一九八二年（昭和五七）最高裁で破棄差戻しとなり、その後無罪判決をえた。司法研修所では、この事件を刑事弁護修習の教材としている。

この事件を最高裁調査官として担当した木谷明弁護士は、「上告趣意書を読んだのですが、驚きました。弁護士経験が数年しかない若い弁護士さん――今や大家になられた若き日の金井清吉弁護士――が国選弁護人として書かれたものでしたが、問題点を鋭く指摘してあって、大変な説得力がありました」と評価している（木谷明ほか『「無罪」を見抜く』岩波現代文庫、2020年）。

品川芳宣筑波大学名誉教授は、一九六三年（昭和三八）の「局報」に登場する。普通科二二期の卒業式の記事が一面に写真入りで載った。

「品川芳宣君以下七名に優等賞が……授与された」

「卒業生を代表し、品川芳宣君が力強く答辞をすれば、場内には感激的な『螢の光』の斉唱が静かに流れ第二二回卒業式ははれがましい幕を閉じた」（「局報」63年3月22日）

同氏の最初の赴任地は銚子税務署。猛烈に勉強し、上級甲種試験（現在の総合職）に合格するが、その後国税庁に部内採用されるまでのエピソードが『傍流の正論』（品川芳宣、大蔵財務協会、2023年）に著述されている。

「三畳一間、押し入れも机もない部屋で、布団にくるまって本を読んだ」

「下宿先の夕食を済ませた後はすぐ寝ることにして、朝の2時、3時に起き出して勉強することにした」

二年後、国家公務員上級甲種試験に合格するが、国税庁からは部内採用はしない旨の返事が。ところが急に面接試験を受けることになり、採用となった。後日、銚子税務署の上司が採用を求める上申書をだしたと知ったことなどを回顧している。

この数年後に、後輩が上級甲種試験に合格し部内採用された。品川氏は上級甲の国税庁部内採用の壁を突破し、後進に道を開いた。

大学教授は少なくとももう一名確認できる。一九九五年（平成七）三月、都区内署の法人担当副署長が退職した。前年七月に就任したばかりである。三月は、七月の定期人事異動に向けて各職員が人事の希望をだす。重要な時期に副署長が突然退職とはなにかあったのでは、と事情を知らない職員はいぶかった。まもなく、大学教授へ転職するとの情報が伝わってきた。情報通り、すぐ教授に就任した。華麗なる転職であった。

一九六〇年代までは、学力があっても経済事情を含め、進学困難な時代であった。向学心のある者は働きながら勉学に励んだ。東京局の税務署は勉学に打ち込める条件があったといえる。

国専採用者から大学教授になった者は、もっとおおい。税務職員は五〇歳代になると、五日間の短期研修を受けていた。現代会計学や国際課税などは大学教授が教える。これら教授のうち複数名が国専出身であった。

「出席者の名簿を見ますと、私が新人のときに仕事を教えていただいた先輩もいらっしゃる」と前置きをする教授もいる。時がたてば、仕事を教えた後輩が大学教授になり、今度は教えられることになる。

キャリアとノンキャリアの接点

新人が三年間入る新任寮をキャリアは注視していた。従来の寮運営を変更し、税務職員を専任の管理官につけ厳格に寮生を管理したからだ。一九六五年（昭和四〇）独身寮対抗運動会を開催し、局長も出席したことは前述した（第二章3）。

そして毎年七月、独身寮ビアガーデンを各寮で開催しはじめた。寮では、専任管理官をはじめ万全の準備をして迎えることとなる。なにしろ局長、総務部長、総務課長などキャリアが参加するのだ。ビールは樽生で、酒屋に頼みサーバーを用意する。平日開催であり、寮の屋上などに会場設営を担当する寮生は休暇をとって準備をおこなう。一大イベントである。

署の幹部からは、寮生が部門にいる場合、統括官はビアガーデンにいくよう指示がある。これには当然批判があがった。

「馬鹿げた話で、独身寮生がいる部門の統括官は必ず当日はビアガーデンに出席するようにと、総務課長がいちいち確認してまわった」（「全国税」77年9月25日）。ビアガーデンは事実上「当局主催」であった。

部門の職員を何人も招待する寮生も少なくない。寮で開催されるビアガーデンでの出費額は一人一万～二万円が多く、なかには三万円出している寮生もいた。

ビアガーデンのやり方は年々派手になっていく。「局報」も派手に掲載し、盛り上げるのに大きな役割を果たしている。一九九〇年（平成二）から一〇年間、毎年「局報」では写真をいっぱい使った寮ビアガーデン特集を組んだ。局長などキャリアが参加している写真を必ず載せているのが特徴である。

一九九〇年（平成二）の「局報」に載った写真を見ると、神田寮では衿《えり》に神田寮と染め抜いた法被を着たり、ワイシャツに蝶ネクタイをしたウェイター姿の寮生が局長を囲んだりしている。

二次会は自分の部屋に招くが、その用意も大変で不満、批判がでていた。また六畳間には同室者がいる。いっしょにつき合ってもらうのか、外で時間つぶしをしてもらうのか悩ましい。わずらわしさを避けて、この日は近くのゲームコーナーで時間をつぶす寮生もいた。

キャリアが参加する新任寮でのビアガーデンは三〇年以上続けられた。招待されて参加するのだが、なぜキャリアは参加し続けたのか。

税務署に勤務する職員は、キャリアの姿を見ることはほとんどない。「局報」に載る局長などの写真を見るくらいである。キャリアとしては、若いノンキャリアに接するまたとない機会としてとらえたのではないか。しかも新任寮には新人が多数集まっている。

彼らの前に局長らが姿を現す。みんなとにぎやかにすごしているものの、税務署の幹部は、キャリアへ特別の配慮を示す。若い職員たちはこの光景を見て、キャリアは自分たちとはちがう存在であること、そのキャリアが組織の頂点にいることを学んでいくことになる。

「局報」は柔らかく変身した。若い職員の興味を惹く話題をたくさん取り上げ、職員個々を素顔で登場させて親近感を持たせ、また職場に自主的に参加する普通科新人のキャンペーンをおこない受け入れさせようとする、当局はその手段として「局報」を活用した。

第四章　昇進の道がみえてくる

1　大卒程度国税専門官を採用

国専は「準エリート」か

一九六九年（昭和四四）一二月、国税庁は「国税専門官採用試験」新設を発表する。翌年二月、全国税は問題点を指摘し、試験一時中止を申し入れるが、試験は予定通りおこなわれる。

国専は最短二五歳で調査・徴収官に昇任するが、普通科は二八歳にならないと昇任しない。そのいきつく先は、国専は署長、副署長、課長に、普通科は一部を除きヒラ職員のままという階層が固定され、国専が準エリート層となるのではと不安が広がった。

一九七一年（昭和四六）、国専一期が税務署に赴任した。普通科職員は彼らを「準エリート」の採用と不安視していたが、しばらくすると、そうでもないことがわかってきた。

国専の採用から七年後、当局が「約束」と異なる処遇をしていることがわかった。

「専採者をめぐる労働条件・処遇は決して〝問題なし〟とはいえません。第一に、当初の「中堅幹部の確保」という当局の目的が、いまや「労働力」確保に変わりつつあること。第二に、当初の「募集要項」には「上級乙試験と同程度」「採用後は東京、大阪など都会局の主要署の直税系統に配置」となっていましたが、いまやその文言も消え、直税以外の配置もあり……」

（「全国税」78年7月5日）

一九七五年（昭和五〇）の段階で、国専採用者の退職がかなり増えていた。国専一期生は九九名中一五名が退職、二期生は一一七名中一五名が退職だ。国専は、中途転職を念頭に入ってくる者がおおい。経験一〇年で税理士試験の税法は免除になる。調査や審理でキャリアを積めば、転職のチャンスが広がるが、四年ほどで退職では、キャリアを生かした転職とまではいかない。

一九七七年（昭和五二）採用、国専七期生の証言がある。

「専採者の場合、三ヵ月間の研修で簿記、ソロバン、税法など普通科の一年分をにわか仕込みされる。『四年間大学に通っていたのだから大丈夫だろう』と、十月から出張させられるんですよ。仕事がわからないのでノイローゼ気味になる」

（「全国税」80年1月5日）

あいさつをしてくれない、仕事を教えてくれない、などの声も聞こえてきた。当局の募集要項とはちがう扱い、また「局報」の差別的扱いもそうだが、職場も国専を普通に受け入れるまでには時間を要した。

2　普通科も八年で調査・徴収官へ

昇任まで一〇年超から前進

国専は、採用から三年九か月で一律に、事務官から調査官・徴収官へ昇任する。普通科職員は昇任まで一〇年以上を要していた。全国税は、国専並みの七年九か月での昇任を求めた。職場世論の盛り上がりのなかで、この要求は前進していく。

一九七四年（昭和四九）五月、全国税は長官交渉をおこなう。

全国税　経験七年九月で是非専門官にしてもらいたい。

長官　少し前向きに勉強したい。五四年七月を目途に、八年間で専門官に、ということで努力してみる。その間段階をおいて、今年来年は十年……五四年に八年にする。

（「全国税」74年6月1日）

一九六〇年代は、普通科職員が調査官・徴収官に昇任するまでに一四年ほどもかかっていた。戦後の大量臨時採用期の職員のなかには「二〇年たっても係長になれない、いつになったらなれるのか」などと不満、不安がでていた。

そこへ、大卒程度の国税専門官を採用し、彼らを三年九か月で一律に調査官・徴収官に昇任させるとわかったとき、職員は強く反応した。国専採用者が税務署に配置になった時点で普通科職員は既に四年の実務キャリアを積んでいることもある。なのに高卒は三〇歳近くにならないと昇任しないが、大卒は二六歳程度で昇任する。国専と同等の処遇を求めた。

職場世論が盛り上がるなか、一九七一年（昭和四六）には昇任まで一二年、一九七六年（昭和五一）には九年、その後長官が約束した八年ほどへ短縮が大きく進んだ。

そして、このあとの上席調査官・上席徴収官への昇任も、経験二〇年までにはほぼ確実となっていく。

3　専科研修、昇進競争意識付け

成績優秀者は庁、局へ

国専は、採用後三年三か月で特別昇給（特昇）の時期を迎える。年に一度給与が月額数千円上がる定期昇給とは別に「勤務成績が特に優秀」な職員をさらに月額数千円アップさせる。七割前後が特昇し、三割は残される。同期は、ここで初めて差をつけられる。人事評価制度、給与制度が二〇〇九年（平成二一）に改正になるまで、特昇はこのかたちであった。

特昇の基準はブラックボックスのなかだ。部門がちがい、署がちがい、人事の評定者がちがうのに、同期をどのような基準で比べているのか納得がいかない。当然批判の声があがる。

特昇の洗礼を受けた直後、全国に散らばった同期が税務大学校に集結し、翌年の三月頃まで専科研修に入る。

この研修の成績優秀者は、翌年の人事異動で国税局や庁へ動く。当局が狙うのはモチベーションアップだ。特昇がでなかった者にも挽回のチャンスがあると意識付けをさせる。

一九九三年（平成五）二月に専科研修を終えた国専一九期のデータであるが、同年七月の人事異動で初めて税務署以外への異動がでる。大蔵省（当時）二名、国税庁一〇名、税務大学校・審判所二名、東京国税局一六名、合計三〇名。同期の約一割だ。

ある副署長は「専科を出た全員が庁や局を希望するから押し込むのに大変だ」という。これは競争をあおっている発言でもあるが、実際にかなりの職員が局を希望する。

人事の希望をだす三月に、ある調査官が国税局の資料調査課（料調）と希望を書いた。希望が通りそうか統括官に聞いた。

「料調は希望が数十倍あり、評定Aで、かつ署長推せんがある中から絞るから、今ごろ希望しても無理。料調の課長に直接引っぱってもらうとか、去年のうちからやらないと」といわれた。

（「全国税東京」88年4月15日）

税務署では気安くコミュニケーションをとっていた同期の仲間が、ここからは昇進競争を意識させられる。

4　本科受験をあおる当局

競争率一五倍

普通科も同様で、採用後七年三か月経った七月に特昇が発令される。同期の七割近くが特昇し、三割が特昇から外れる。その直後、本科受験が待っている。特昇にもれても、本科を昇進の機会ととらえチャレンジする。

本科研修は、普通科採用後七年以上経過した職員に、部内選抜試験等で各国税局で選抜し、一年間研修を受けさせる。当局は本科受験を強くすすめる。三五歳まで受験できるので、本科にいきたくない、おだやかに仕事をしていきたいと思っていても、当局は最後の年まで受け続けよといってくる。

一九七六年（昭和五一）、国税庁が発行する「国税広報」（76年9月27日）には、受験をあおる記事が。

「五、八九四人が税大本科を目指す、競争率は過去最高の一四・七倍に」

四〇〇名の枠に約一五倍もの職員が全国から受験した。

「局報」でも本科受験をあおる。

「人事課では、将来幹部となるにふさわしい優秀な人材がふるって応募するよう望んでいる」

（「局報」71年8月30日）

本科にいかないと幹部になれないかのような意識を植えつけられる。確かに本科の位置付けは「将来の幹部職員養成を目的とする」（『国税庁二十年史』国税庁、69年）となっている。

本科の試験はペーパーテストをクリアしても、最終合格には署長推薦が必要となる。ここもブラックボックスだ。受験者は署の幹部の意向を注視せざるを得ない。

本科に入校し一年間の研修を終えると、すぐ七月の人事異動を迎える。専科研修と同様に、成績優秀者は局や庁へ異動する。

一九九三（平成五）年六月に本科を卒業した一四四名について、翌月の人事異動状況をみると、大蔵省一名、国税庁一名、国税局六名、合計八名である。本科生の約五%だ（局から本科にいき、また局に戻った職員を除く）。

若い職員は本科受験をどうとらえているのか、本音がみえる座談会が「全国税」に載った。

――地方では〝本科を受けないのは人にあらず、税務職員にあらず〟と、まるで失格者扱いだが……。

G　東京でも同じ、嫌だといってもしつこいし、受けなかったら、「あんた出世しないよ」

とくるからね。

――受ける人は勉強したいからだろうか。

C　それは全然ないと言ってもいいよ。金と出世だけ。　（「全国税」77年6月5日）

「金と出世だけ」は極論だが、若い職員はこのようにとらえる傾向があった。

本科生は夜つくられる

本科研修では、勉強に励むのは当然であるが、それよりも将来のための人脈をつくることが重要で、そのために金は惜しまずに使えと周囲からいわれる。実際に共済組合から多額の借り入れをして交際費に使った話は何人もから聞こえてくる。「本科生は夜つくられる」のである。

東京局以外から本科にきている職員が、接待に金を使う話がもれてきた。これは、名古屋国税局から本科研修にきている職員の話。出張で上京する幹部を接待する。

「本科一年間で、二百万円、三百万円使うのは、現代のジョーシキだとさ……勉強一筋は少数組。帰省費用や、自分でハメをはずした分も含まれているとしても、大半は顔を売るための費用だ」

「局（名古屋）から庁へ出張されたお偉いサンは、本科生のところにお立ち寄りになる。二次会やら何やらで、おアシは羽が生えたように飛んでいく」

「〝本科を出ずば人に非ず〞ではなくて、〝ゼニを使わずば本科卒に非ず〞というみじめな暗ァいおはなし」

（「全国税東京」84年12月20日）

普通科職員も七年目の特昇、そして本科受験と本格的に昇進を意識しはじめることになる。成績優秀者はすぐ局、庁へ上がっていく。本科で人脈づくりに励んだ者もまた昇進を目指す。おだやかに仕事をし、安心、安定した生活を送っていきたいと思っていても、昇進を意識付けられ、息苦しさを感じる時期に入っていく。

寄り道

国税局の仕事の実態

専科研修、本科研修を終了後、晴れて国税局勤務になっても喜んではいられない。そこには過酷な仕事が待っている。

その一　七月一〇日、人事異動の日。希望が叶い国税局へ配置換えの辞令を手に局へいった。すぐ着任届をださせられ勤務開始。その日は終電になった。

その二　料調指導事案で局員といっしょに調査をした署の職員が驚いた話。一度も法人税の申告をしていないキャバクラを、午後六時に無予告現況調査に入った。局員は前日までの売上伝票を借り上げた。午後一〇時に解除となり、翌朝九時、署に集まり検討をはじめた。局員は既に三年分の伝票から売上の集計を完成させていた。

その三　夫が局、妻が税務署で働いている夫婦。子供が熱をだしたので妻が休暇をとった。熱が下がらず数日休暇をとったが、これ以上は無理と夫が代わることに。夫は休暇届けをだしたが局で徹夜勤務のまま翌朝帰宅し子供をみた。夕方、妻と交代すると夫は局へ仕事にいった。

その四　ある局員は毎日、六時間超勤しているとのこと。局では当たり前だそうだ。この職員は休暇カード（年次休暇等を申請し決裁をもらうための書類）がどこにあるのか知らないとのこと。

その五　全国税が局員にアンケートを実施した。質問は「国税局ではただ働きの超勤はありますか」。返ってきたひとつには、こう書かれてあった。「あるにきまってるだろう。みんな頑張って仕事してるんだ」。当然のことをなんで聞くんだ、と怒っている。

全ての局員が過酷な労働を強いられているわけではないが、聞こえてくる過酷ぶりはすさまじい。

第五章　仕事がのしかかる八〇年代

1　露骨な尻タタキ、持ち帰り仕事

徴収で個人別実績グラフ

税務署の業務実績は数字にあらわれる。いわゆる尻タタキは戦後間もなくからおこなわれていたが、ここまであからさまにやるのかと驚くくらい露骨におこなわれることも。

一九六七年（昭和四二）「全国税」では、荒川税務署徴収課で起こっている実態を告発した。

「毎月一回行われる徴収課の実績検討会では、各人別の出勤日数、実績件数、徴収税額の一覧表と線グラフが配布」

「課長は絶えず一人ひとりを自席に呼びつけ、実績、出張日数、仕事の内容について細かく指示し、尻たたきを行なっています」（「全国税」67年11月25日）

貼りだされたグラフも紙面に載せた。縦に徴収税額と処理件数、横は各人の名前をAからHまで並べた表だ。

持ち帰り仕事に長官「全部だめというのは……」

持ち帰り仕事は戦後間もなくからあった（第一章1）。その後も持ち帰り仕事はやまない。

「不正がでん《ママ》と、どうしても日数一ぱいやるので土曜も出張で決議の整理に一日はかかりますから、私のとこだと半数の職員は土曜にはかばんに入れて帰ることになる」

（「全国税」69年1月15日）

不正所得を見つけなければとの重圧がのしかかるため、持ち帰ってまでやることになる。

一九七九年（昭和五四）九月、全国税は長官交渉をおこない、持ち帰り仕事が内部事務にまで広がっていると指摘した。

組合　持ち帰り仕事についていえば、日中は目一杯調査に出て、事務整理は自宅で、という形《ママ》やられている……不正還付防止事務処理のため自宅から夜、納税者に電話照会する（管理部門）といった状況だ。

長官　今日（20日）の徴収部長会議でも、持ち帰り仕事などしないよう訓示した……しかし、特別の場合は、持ち帰り仕事を全部ダメというのは……。

（（）内筆者注。「全国税」79年10月5日）

当時は、外部持ちだし禁止である行政文書の取り扱いのセキュリティ意識は極めて薄かった。一九九一年（平成三）になっても、当局は持ち帰り仕事を否定していない。

――「飲むなら持つな、持つなら飲むな――忘れないのが一番」という注意事項を伝達する考査課情報が回覧されました……統括官が、「記事は家で書け」……等々、部下に指示している例もあるように、根本原因が解消されなければ「事故」は減らせないのではないでしょうか？「忘れないのが一番」なのではなく、「持ち帰らないのが一番」です。

（「全国税」91年4月15日）

当局が行政文書の税務署外持ちだしを禁止する二〇〇〇年（平成一二）以降に税務署に入った職員からみると、驚くことであろう。

2　法人調査件数の倍増

「調査は広く浅く」

一九七八年（昭和五三）、当局は法人税調査件数の倍増を突如強行してきた。

「ことしの事務計画による接触率（簡易な調査を含めた調査率）は、前年対比で所得は一六一％、法人は二〇〇％だ」

「法人も大変になってきた。事務計画のとき、局から二人ものりこんで来た。そして各人のノルマを月ごとに割りふりした。その結果、ノルマ消化のため五時ぎりぎりまで出張し、事績整理は超勤でやる、という慢性超勤の事態も生れている」　（（ ）内筆者注。「全国税」78年9月30日）

源泉税の調査でも、去年の二倍が局の指示だと、件数を押しつけてきた。

突然押しつけられた調査件数倍増の問題で、全国税は長官交渉をした。

組合　接触率・実調率の増加が異常に強調され、調査件数が倍になっているところが多い……事務計画の段階から局主導で行われ、署の自主性が失われる結果にもなっている。

長官　実調率が低下し、現在は……法人七・六〜七％という状況だ。調査した八割から増差がでるという結果がでているなかで、未接触の中に潜在的な非違があるのではないかとの考え方に立って、今までさわらなかった層を調査していこうということだ。

（「全国税」78年10月5日）

簡易な調査も含めた現場への押しつけを長官は「調査は広く浅く」と表現した。

実態は「広く深く」

現場では「広く浅く」にはなっていなかった。全国税は、次の長官交渉で追及する。

組合　「調査は広く浅く」といったが、実態は〝広く深く〟だ。持ち帰り仕事、残業がふえている。

長官　税の公正な執行をはかるのが目的だ。とはいっても労働強化にならない範囲でやっていく。

全国税　休暇もとれないし残業の連続だ。

（「全国税」78年12月20日）

現場は、長官のいう「労働強化にならない範囲」には収まらなかった。

「年間約四十件、一カ月約四件の調査計画は〝百%やりきる〟ことを前提にしたもので、完全に義務的《ママ》なノルマになっている」

「決議書作成の時間がないので、結局、超勤になる。それでも間にあわないので、持ち帰り仕事になってしまう……これらの時間外労働は〝処理日数〟に現れない」

（「全国税」79年10月20日）

年間四〇件の計画を無理やりつくらせ、今度は処理件数（調査終了した件数）を厳しく管理され、尻をたたかれる。

また、調査件数だけを増やせばよいということにはならない。調査の結果、所得が増えた、納税額が増えた、不正所得を見つけたなどの実績まで求められる。

寄り道

キャリアを別格扱い

国税局から税務署へ視察にくることがある。だが、局長などキャリアがくる場合は、税務署の幹部は、これ以上ない最高の態度で迎える。キャリアは全く別の人間なのである。

その迎え方は、お笑い芸人がコントをやっているくらいオーバーに見えることもある。笑えるようで、しかしあまりに極端すぎて笑えない話をひとつ。

「局幹部の視察があった日の出来事。エレベーターが三階に止まりドアが開いたところ、ドアの前に立っていた署幹部が突然『全員、エレベーターから降りて下さい！』と言う。何事かと思って降りると局の総務部長（？）や幹部が、空になったエレベーターにサッサと乗って行ってしまった。降ろされた人のなかには納税者もおり、その人は、ブツブツ言いながら階段を上がって行きました」

「日頃、当局は職員に『納税者には親切な対応をするように』等と強調しますが、局のエライさんに対しては、そんなことは忘れてしまうのでしょうか……局の幹部を神様扱いするのもいいかげんにしてもらいたいものです」

（「全国税」84年1月25日）

このたぐいの話はまだある。

「東京国税局某部長殿には『輸入ビール、それもドイツ産？の〇〇〇銘柄』一辺倒とか。その部長が会合に出席するということで、早速本場指定銘柄を手配。買いにいかされた部下はそんなことはちっとも知らないから、自分がいつも飲むのは缶ビールだからということで本場の缶ビールを購入……そんなこんなで、やっとデパートの倉庫からめでたく発見し一件落着」

（「全国税」86年3月15日）

もう一つ。国税庁や国税局の「高官」が出した所得税の還付申告を、別扱いで早く処理せよと指示があった話。

「国税庁職員の還付申告が一枚だけ別にされて回付された。みると〝早く還付〟するようにとメモがついている。『庁だからってなんで早くかえす必要があるの？』は当然の意見。一般の納税者と区別する筋合いはない。そういえば去年も、庁の高官と局の部長の申告を早く還付せよと同様の指示があったが、結局〝よけいな気をまわすな〟ということで、通常扱いとしたことがあった」

（「全国税」86年5月23日）

最後にもう一つ。

「【東北・青森支部】　ネブタのとき新しい局長サマがおいでになるというので注意事項が下達。

一ツ　上着を着て（到着を）待つこと。二ツ　スリッパを革靴にはき替えて（到着を）待つこと。

三ツ　局長サマが回ってきたら、立ち去るまで立ったままでいること――。」

（「全国税」86年10月5日）

実調率至上主義

当局は、実調率（実地調査割合）が下がれば申告水準も下がると考えていた。一九七八年（昭和五三）に調査件数を倍増させたのもこの考えに基づく。その後もこの方針は変わらなかった。「いまの実調率が非常に低いことは、世間に知れわたっている。それが申告水準にも影響するので、対外的には〝維持〟の旗印を下ろすわけにはいかない」

（「全国税」82年6月5日、長官交渉での回答）

だが、いくら頑張っても実調率低下は止まらない。一九七八年（昭和五三）、法人調査件数を倍増させた結果、実調率は上がったが一時的にすぎなかった。法人件数は右肩上がりに増え続け、東京局管内の法人件数は一九七八年（昭和五三）に四六万件弱だったのが、一〇年後には六二万件に増加した。実調率に関しては手の打ちようがなくなった。

申告水準は「神のみぞ知る」

そもそも申告水準をどう測定するのか、また測定できるのか。

——全国税東北地連は十一月三十日、仙台局長と交渉。その場で「申告水準向上というが、水準はどう測定するのか」という全国税の質問に対して、仙台当局は「わかるようでわからない。測定できないところに難しさがある」と回答。全国税がさらに追及したところ、当局は「〝神のみぞ知る〟水準の向上をめざしている」と回答し、申告水準向上に対する混迷ぶりを示しました。

（「全国税」85年1月25日）

神様しか知らないとする申告水準を前面に立て、実調率を上げろとは非合理かつ無責任である。申告水準については過去に当局が検討しようとしたフシがある。一九七三年（昭和四八）、欧米諸国の税務行政を視察してきた国税庁幹部二名と東京国税局総務課長の鼎談が載った「局報」

で、この課題にふれている。

課長　諸外国の税務当局は、自分たちの国の現状をどう受け止めているのか、まあいい線いっているというふうに考えているのか。その辺を……。

吉本　その点については〝非常にむずかしい問題である〟という答しか返ってこないんですよ。大体どれくらい取り洩れがあるとか、はたしてオネスト（正直）であるかということは〝神のみぞ知る〟。

（「局報」73年7月4日）

仙台国税局も欧米諸国の税務当局も、申告水準については「神のみぞ知る」と表現している。面白い一致だが、どこの国でも測定不能、お手上げである。

『東京国税局五十年史』（東京国税局、2001年）によると、一九七六年（昭和五一）に電子計算システムにより、各種外部統計と申告内容の比較で「業種別等の申告水準の測定」の開発を推進したとあるが、これで申告水準が測定できたのかは不明である。

その後も実調率は低下し続け、いつの間にか実調率と申告水準はリンクしている、との声は聞こえてこなくなった。

実調率一四％に

ところが、一九八八年（昭和六三）に就任した東京国税局長は、法人調査の実調率を一四％台に上げたいと発言した。
「実調率九・三％ですと……『今年来たから、やっと済んだからもう十年来ない』ということじゃ困るんです」
「時効が普通の場合三年、悪質な場合は七年に延びていますが、その時効の間に調査に一度行けるようにすれば……七年一巡ということになります。七年一巡だったらいくらになるかと言いますと、それは一四・三％になる」（「局報」88年10月31日）
財政経済セミナーの局長講演を「局報」に七頁も使い掲載した。記事はこれだけ、局長講演特集である。局長の力の入れようが伝わってきた。「調査件数を五割増やせと強要されるぞ」と身構えたが、この年の調査件数増の指示はでなかった。現場は胸をなでおろした。

3　所得税部門、のしかかる調査のノルマ

修正申告偽造相次ぐ

一九八五年（昭和六〇）、福岡国税局で修正申告偽造事件が起こった。全く身におぼえのない督促状が税務署から届き、事件は発覚した。

「偽造したのは税務署員です。この納税者は五七年から五九年三年分で一三万二千円の督促状

を受けまして、びっくりした。調査では要するに是認されて別に間違いもない」

「その担当署員は、結構です、それは破り捨ててくれと言った。けれども、さらにわかったことは、破り捨てたはずのその一三万二千円をその署員が払ったんですよ」

「恐らく正直なまじめな人だと思うんだ、この署員は。上からノルマがあったんじゃないか。そしてそれを達成するために、調べたけれども出てこないので、しょうがないんで自分で自腹を切った」

（日本共産党近藤忠孝参議院議員、85年11月14日参議院大蔵委員会会議録）

所得税の調査官が修正申告書を偽造したもの。この職員は、調査で申告もれを発見できず、切羽つまってやったと動機を話している。

「朝日新聞」（85年9月7日）で報道された。職場では、新聞の切り抜きが回覧された。「読んだ者は溜息のあと、言葉が出ない。他人事とは思えないからだろう」（「全国税」85年10月15日）。

全国税は長官交渉でこの問題を追及した。

組合　最近、福岡局で修正申告の偽造まで出た。追いつめられている。上意下達だけでなく自由にものが言えるよう、職場の民主化が必要だ。

長官　福岡の事例は、全く遺憾なことだが、仕事の効率優先の必然の結果ではなく、個別・偶発的事件と認識する。

（「全国税」85年10月25日）

これだけではなかった。名古屋国税局、金沢国税局、仙台国税局でも発覚した。

一九八五年（昭和六〇）になって修正申告偽造が相次いで起こり、それが仙台局から福岡局まで全国的に発生している。組織上の問題ととらえるべきなのに、国税庁長官は「個別・偶発的事件」とし、原因究明と対策をとることはなかった。

組織としての「無反省」が、またしても修正申告偽造を生んでしまった。一九九八年（平成一〇）、東京国税局管内で修正申告偽造事件が発覚した。

「二人の建設業者に対する税務調査をめぐり、勝手に修正申告書を作成していたことが一二日、分かった。修正申告した覚えがないのに、加算税を課す通知を受けた業者が、不審に思って確認したため発覚した」

（「毎日新聞」98年10月13日）

全国税は、職員が追いつめられたうえでの事件と長官交渉で追及した。

組合　修正申告偽造事件を問題だと考えているのは、この種の問題が毎年のように起きているからだ……職員はノルマ・労働強化で追いつめられている。

長官　納税者との関係でやってはならないことが起きたのは遺憾だが、「ノルマ主義」が原因ではない。チェック機能に問題があればシステムを変えていく。

（「全国税」98年12月20日）

当局は最後まで職員個人に責任を押しつけた。職員が追い込まれたうえに手をだしてしまっている、同様の事件が相次いで全国で起きている、そこを決して見ようとはしなかった。

ニセ実績づくり

厳しく実績が求められるため、いわゆる重箱のスミをつつく調査の指示までおこなうことも。

「(所得税部門では)ノルマ第一主義の尻タタキもエスカレートしています。『増差が八百円でも修正をとってこい』『新聞代、NHK受信料、町会費が経費に入ってないかよく見てこい』などこまかな指示が出されています」　(( )内筆者注。「全国税」82年11月25日)

税務署の事務年度は七月からはじまる。所得税部門の事務については、九月末までの調査の進行実績を、地域単位に税務署の統括官を招集し、局が会議をおこなう。実績が悪ければ厳しく叱咤される。それを逃れようと、実績の数字を「加工」する。

これは一九八四年(昭和五九)、都区内税務署の出来事。

「先日、南ブロックの一、二統括官会議が渋谷で行われました。そこでは、九月までの進ちょく状況報告がなされ、南ブロックではA署が一番の進ちょく率だったとか。そこのA部門は四九%の進ちょく。しかし、その内実は期限後の自主提出分を、すべて自分の実績として報告したというデタラメなもの。統括官も苦しいのは分かるが、自分で自分の首をしめないでくださいね」　(「全国税」84年11月5日)

一九八八年(昭和六三)、ある署の所得税部門で、調査事績の入力があるのに修正申告書が見あたらないものがあり、見直したところある担当者が一年間に一五件の架空入力をしていたことが発覚した。このため、各署でチェックしなおしたところ、同様のやり方が他の署でもでてきた。これは、修正申告偽造ではないが、調査をした結果、増差所得がでたとして架空の数字を入力したもの。

調査の件数と事績の数字をきつく求められ、「計画達成」のために数字をつくることになる。この水増し実績は、架空入力以外にも方法がある。自主的に出された修正申告のなかから、実地調査をしたことに振り替えるのだ。

つくられた数字であることは当局も知っている。

「こうした実態を局主務課は十分知っています。見て見ぬふりをして、『計画達成』の尻叩きをし、遅れている署を名指しまでして、追求《ママ》しているのです」（「全国税」88年11月15日）

4　管理部門の仕事は増える一方

振替納税競争、実績偽造

納税者が振替納税の手続きを取ると、納期限が一か月ほど遅くなり、納付は口座引き落としとなるメリットがある。これをいいことに、局の主務課や税務署の幹部は、振替納税の契約獲得数を各署で競わせた。

管理部門では一九八〇年（昭和五五）に入ってから、大阪国税局などで「ＦＦ七〇」（振替普及率七〇％）と称して振替納税普及率の尻タタキがはじまった。その後東京国税局でもはじまった。振替納税獲得件数で「今年も実績上げるぞ」と宣言する署長も現れた。

「今春、振替申請件数でメチャクチャな成果をあげたＫ署の話。異動後の顔合わせの席で署長が、『私をもう一度男に』と再び猛烈な振替申請ノルマの押しつけを宣言。この署長一人を〝男〟にするため、残業まで押しつけられる職員はいい迷惑です」（「全国税」85年11月25日）

一九八七年（昭和六二）の確定申告時期に横浜南署では、納付窓口に納付書を置かないという異常なやり方までおこなった。

「受付、納付相談窓口、派出銀行の窓口には『納付書』を置かず、銀行員には、窓口で確定申告分の納税は受け付けないよう指示、『（今ここで）お金を払わないですみますよ』と、勧奨にあたらせました。統括官は、派出銀行にならんでいる納税者まで、勧奨を呼びかけるという異常な対応」（（ ）内筆者注。「全国税」87年5月25日）

一九八八年（昭和六三）、ニセの入力をして振替実績を上げる者もでてくる。

「管理の統括官が、振替勧しょうの実績を上げるため、期限内に納付のあったものを、振替をとったことにして入力。発覚を防ぐため、異動直前に取消し入力…影響が及ばないよう工作し、局に栄転」（「全国税」88年10月25日）

腱鞘炎に公務災害の判定

管理部門に勤務していた筒井利子さんは、納税件数増加による事務負担で無理がかさみ、一九八〇年（昭和五五）二月頃から指に痛みをおぼえ、医師から腱鞘《けんしょう》炎と診断され手術をした。筒井さんは加算機での打ち込みや、ボールペンで強く書かなければならない五枚複写の還付金支払い決議書作成などをおこなっており、仕事に起因する公務災害だと当局に求めたが拒否されたため、人事院に行政措置要求をおこなった。全国税は組合員のなかから自主的に措置要求プロジェクトチームを結成し活動をはじめた。

法令上のことは川人博弁護士などに頼った。資金がなくまともな報酬は払えなかったが、快く引き受けてくれた。川人弁護士は、その後「過労死一一〇番」や過労死裁判弁護活動で中心的役割を担い続け、マスコミにも登場するが、当時は登録後数年の若手弁護士で、積極的に措置要求を支えた。

人事院は、筒井さんだけでなく、署当局、また筒井さんといっしょに仕事をしていた後輩職員にも調査、聞き取りをおこなった。後輩職員は人事院の担当者から、公務上災害判定を望むかと聞かれ、望むと答えた。

一九八四年（昭和五九）七月、人事院は当局の判断をくつがえし、「三月十日以後に平均業務量を上回わ《ママ》る業務が集中したことや、超勤も同時に集中したこと、さらには、ほかにけんしょう炎を発症させる要因がないこと」(「全国税」84年7月25日)などから公務災害の判定を下した。画期的であった。人事院が行政措置要求で訴えを認めることはほとんどなかったからだ。

公災判定を祝う集いが開かれた。措置要求を支援した数人の弁護士を招き、集いは盛り上がった。二〇一七年(平成二九)一一月、NHKテレビ「プロフェッショナル仕事の流儀 過労死と闘い、命を守る」で、川人弁護士の活動が放映されたとき、筒井さんの公災判定を祝う集いで、勝利の横断幕を背に微笑む川人弁護士の写真が映し出された。

人事院の判定後、当局は加算機の改善などをおこなった。

——それよりも私たちにとって一番の喜びだったのは、振替日が変更(四月に後倒し)されたということでした。「振替日は四月一二日、出力後となる」の通達を見た時、私は「ヤッター」と思いました。(()内筆者注。「全国税」2000年11月5日、筒井利子さん記述)

この結果、各署の管理部門で仕事に余裕ができた。

だが、このあとも納税者数は増え続け、それが管理部門の職員にのしかかる。当局は管理部門の定員を増やそうとしない。内部事務軽視で、処理が追いつかない状況が深刻化していく。

内部事務が荒廃

申告件数は増加一方をたどっているのに、内部事務を担当する職員は増やさない。次のような問題が発生していた。

所得税の確定申告書が提出されたうち、誤っている可能性のある申告書の検討が二年間も滞っている。

納税者が住所、本店所在地変更で管轄税務署が変わるのに、その事務が滞留している。

申告書などが所定のところに見あたらず、債権管理や所得証明ができなくなっている。

一人の納税者に、納税者番号を二重、三重に設定したため、滞納扱いにして督促状をだしてしまうミスでトラブルが発生。

事務の荒廃は深刻になっていた。

「すでに納付されているのに、その申告書が見当たらない、それも一件や二件の話ではなく、数十件にのぼる署もあります。申告書でさえこの有様ですから、二十余にのぼる申請書等がどうなっているか、おしてしるべしです」

（「全国税」1988年10月25日）

納付があるが、その分の申告入力がないという事態が相次いだ。入力もれの申告書を必死で探している。これらの事態は、調査を優先させ内部事務をないがしろにした当然の帰結だ。

5　普通科研修、規則ハガイジメに怒り

手紙をチェック、風呂掃除の罰

普通科研修では一九八二年（昭和五七）から女性も税務職採用となり、男女が一年間、研修所と学寮の狭い空間で研修生活を送ることになった。

男子研修生だけのときとは雰囲気がガラリと変わった。たとえるなら、白黒の映像が、突然カラー映像になる衝撃とでもいえよう。

当局は、女性が入ることで研修生活が乱れ、悪影響を及ぼさないか危惧した。研修生の動向を逐一チェック、また細かい規則・罰当番をつくり従わせようとした。規則ハガイジメである。研修生からは不満、怒りがわきあがった。

▼何の目的があるのか知らないが、いちいち出寮時間をチェックして、付き合っているカップルを探しだすのはやめてほしい。

▼うちの班の教育官は、研修生に来た手紙をチェックしたり、試験の成績を班員全員に公開したりする。神経質な教育官なので班別指導などでは、私たちの方も疲れる。

▼「交通事故を起こしたら大変」と免許証をとりあげられている。長期間、車に乗らない方がもっと危険だ。いくら上司とはいえ、人の物をその意に反して強制的に預かってよいものか。

▼洗濯物等を忘れると、一週間の風呂掃除の罰があり、一日でも忘れたりすると、さらに一週間追加される。

（「全国税」87年11月号外）

一九八六年（昭和六二）五月、東京研修所で体育祭がおこなわれたときのこと。騎馬戦での教育官の判定をめぐり研修生たちが抗議したのに対し、教育官が「静かにしろ」と怒鳴り、研修生の一人をみんなの前に呼びだしビンタをはった。別の教育官が、抗議、また暴力を制した二人を呼びつけ「こんどへんなことをやったら辞めさせるからな、毎日辞表をもってあるけ」（「全国税」86年6月5日）などとおどした。全国税は長官交渉で事件を取り上げ追及した。

「日本経済新聞」（86年7月7日）は、税大教育の問題点を記事にした。

「団体生活でのしつけは特に厳しく……詰め込み教育は、良識ある社会人の育成に貢献しているのだろうか。『納税者の立場を考えず、がむしゃらに税を取り立てようとする税務署員が多いのは税大の教育方式に問題があるのでは』（国税ＯＢ）と反省の声もあがっている」

6　女性職員に税務職の仕事を

局でお茶くみ、コピー取り

税務署に配置され二年経った新人女性職員を国税局や庁に異動させる。仕事は、配属になった課の主たる業務ではなく、お茶くみやコピー取りなどである。

「お茶碗やコップ洗いとお茶くみ、コピーとり、郵便・文書整理が私の仕事。楽に見えるかも

しれませんが、毎日がこれでは」（「全国税」90年9月25日）

普通科の女性だけが対象。国専からはいかない。しかも未婚者だけ。結婚すると税務署へ異動させる。この人事異動を、あまりよい表現ではないが「吸い上げ配転」と呼んでいた。

一九八二年（昭和五七）採用の普通科四二期からは男女とも税務職として採用し、一年間普通科研修を受けてきている。不満、批判の声が強まるが、当局はこの人事異動をしばらく続けた。

長く働き続けたい

女性を税務職として採用をはじめて八年ほど経った一九八九年（平成元）、全国税は若い女性職員を対象にアンケートをおこなった。

（問）どういう理由でこの職を選びましたか

長く働き続けられると思ったから　五五％

なんとなく　二四％

（問）女性が、仕事を続けることについて

条件が許す限り、働き続けたい　七四％

働きつづけるのは当然、定年まで働きたい　一六％

（「全国税」89年6月号外）

結婚、育児を担いながら、仕事では徐々に困難な業務をも担当することになるのだが、アンケートの結果を見ると、この職場で働き続けていこう、という意思を感じ取ることができる。

調査件数倍増など仕事がのしかかる八〇年代であったが、一方、国専、普通科で女性採用がはじまり、男性が大半の税務署で困難に突き当たりながらも、女性職員は働き続けようとする。

寄り道

おばけが出る

渋谷税務署から聞こえてきた怖い話。税務職員のなかで、かなり知れ渡った。

——おばけが休養室に出るというウワサがたっている。Sさんは「これは総務のインボウだ。休養室で仕事をサボっている奴がいるので、こんな話をつくったんでは……」と言います。

当の総務では、「そのウワサは源泉（源泉税部門）で聞いた。何かのまちがいか気のせいではないか」とのこと。ウワサでは、おばけは白い着物の長髪の男という点で共通。署としても、御神酒を供えるなど「できる限りのことはやっている」というが、「こわい」「気持ち悪い」の声多し。

（（）内筆者注。「全国税」85年1月15日）

渋谷は休養室に出たという話だが、他の署では書庫に出るというウワサがでた。確かに税務署の書庫は日中でも薄暗くジメッとしていて気持ちが悪い。

おばけのうわさが立った渋谷税務署は、一九九一年（平成三）、七階建てに建て替えとなった。

第六章　ボールペンからＰＣへ

１　消費税導入、間税部門廃止

消費税を特別扱い

一九八九年（平成元）四月一日、消費税が施行された。この日税務署には、「買い物にいったら商品が三％以上値上げした店があった」などの電話が相次いだ。

税務署では、酒税や物品税などを担当していた間税部門が、消費税も担当することになった。消費税申告書の入力はＯＣＲ（光学文字認識）読み取りだが、性能が低く約九割が不読エラーとなり手間がかかる。連日超勤の署もでてきた。

一方、法人税、所得税の調査では、消費税は同時調査しないと指示がでた。売上計上もれがあると、消費税も納税額が増えるのに、職員からは、こんないい加減な扱いでよいのかと批判、不信の声が上がった。この扱いは一九九一年（平成三）まで続いた。

徴収部門では、消費税は当分の間督促状をださない、滞納処分しない、消費税の還付は滞納があっても納税者がダメといったら還付せよという指示がでた。

国税庁、税務署は、消費税を腫れ物に触るように特別扱いした。世論の反対の声が強まるなか、ようやく成立させたので、納税者の反発を招かない方策をとりながら、普及に努めるとの姿勢だ。

寄り道

消費税小ばなし

消費税導入当初は、とにかく定着が第一として、納税者にかなり寄りそった運用をしていた。法人税、所得税の調査にいっても消費税は調査しなかった。

――法人税の調査で――

職員　この売上除外を修正してください。

納税者　もちろん消費税も修正申告が必要ですね。

職員　ウーン、それは自主的に判断して下さい。

納税者　ださなくてもいいのですか？

職員　それも含めて自主的に判断して下さい。

――間税部門の窓口で――

納税者　簡易課税の届出がおくれてすみません。今からでもいいですか。

職員　特別な理由があれば……。

納税者　そんなものありません。

……………
職員　あなたはきっと特別な理由があったはずです。
納税者　……？　？

（「全国税」90年2月5日）

2　新人増加、コミュニケーション、セクハラに当局苦心

職員一気に若がえる

「東京国税局は、二〇代の職員が三七％を占めている。三〇代の三一％を加えると、職員のなんと約七割が若い世代だといえるのだ。こうした職場だから、いつも明るく活気があり若い職員がのびのびと仕事をしている」

これは、一九九二年（平成四）に東京国税局が作成した普通科職員募集パンフレットの文言である。戦後の大量採用期の職員が退職したため、新規に大量採用し職員は一気に若がえった。

職員採用パンフレットで「若い職員がのびのびと仕事をしている」とあるが、そういい切れる実態ではなく、職場は複雑な変化に直面していた。

統括官以上のポストも大量に空いた結果、税務署では四〇代前半の新任統括官が大量に生まれた。新人職員の急激な増加と新任統括官の大量就任という職員構造の変化のなかで、職場の人間関係をどうつくっていくのか、当局は模索しはじめる。

当局は「飲みニケーション」を通して「部下の指導育成」を図る、などとする署の管理者向けの研修情報をだした。これには「アフターファイブは自分の時間なのだから、大切に使っていきたい」との声がでた（「全国税」91年10月5日）。

若い職員からは、職場と仕事に関し批判の声があがっていた。

▼なにかにつけて半強制的な「飲み会」をおこなう。

▼チャイムが鳴っても帰ろうとしない。急ぎの仕事をするわけでもなく、上の顔色をうかがいながら、仕事をしているフリが多い。（「全国税」92年12月15日）

国専採用者の気質も変わってきた。採用直後におこなう基礎研修で、三年先輩の職員が「税務署の仕事はどういうものか」を講演する機会が設けられた。話し終わって質問を受けることになった。

「きっと仕事のことを聞かれると思ってたら、休暇は好きなときに自由にとれますか、なんていう質問ばかりでガッカリ」と、講師を務めた職員は拍子抜けであった。

バブル期頂点の頃で雇用情勢は売り手市場、しかも税務署は大量採用の時期である。アフターファイブは自分の時間、飲みニケーション押しつけなど論外、納得いかないことはやりたくない、という傾向は明らか。これに当局は、なかなかコミットできないでいた。

若い職員の退職増加

採用になってから、調査・徴収官に昇任しないうちに数年で退職する若い職員が増加した。東京国税局内でみると、一九八七年（昭和六二）七月からの一年間で事務官退職数は二八名、四年後には八六名と、三倍に増加。この期間に採用数も増えてはいるが、それをしのぐ退職者の増加だ。

「税務署に入ってびっくりしたけど、とにかく給料が安い」、「何年か先に結婚する予定だけれど、あんな宿舎にははっきりいって入りたくない」、「頑張って働いても自分の家を買えるなんて、ここではとても思えない」、「アフターファイブをはじめ、職場の人間関係にイヤなことが多い」。既に退職を決意しているN君の話です（「全国税」90年11月15日）。

一九九〇年（平成二）年国専採用の、ある男性職員は一年で退職した。法人税など賦課部門を希望したのに徴収部門に配置に。国専は転課させないといわれる。徴収の統括官は厳しくて、「滞納者のところへ行ったら、一〇〇〇円でも五〇〇〇円でもとってこい」、「マイナスになったらどうするんですかと聞いたら、『生活を切り詰めさせて納めさせろ』と。局の偉いさんがくると接待にこき使われるし……」（「全国税」91年5月24日）。

「合宿研修」

そこで当局が考えたのが、「合宿研修」である。目的は「活力あふれる部門運営や円滑な人間関係の醸成等を図る」ためで、東京国税局だけの施策である。

一九九一年（平成三）、各署から二〇部門を選び、統括官以下全員が、局の厚生施設である山梨県の大月分室にいき、二泊三日の「合宿研修」をおこなうもの。グループ討議、事例研修、森林浴スポーツなどの野外実習、研修の総括・レポートを作成する。

研修の内容が練られたものではなく、参加した職員からは「あんなことをなぜ合宿でする必要があるの」、「三分間スピーチを強要されてかなわない」（「全国税」91年10月5日）など不満の声があがった。

翌年、規模を二倍にし、統括官が新人の部門でおこなわせた。だが、署の幹部からは、効果があるとは思えない、と疑問の声があがり、実施を断る幹部もいた。二年目も不評であった。

「男社会」の税務署、変わらないと

一九八九年（平成元）、新規採用者のうち女性の割合は三割となった。世間一般ではセクシュアル・ハラスメント（セクハラ）が社会問題になりはじめる。職場からは、「男社会」への批判の声が大きくなる。

――統括官や署の幹部が「スカートをはけ、ヒールをはけ」という。
――部門旅行で幹部が「女がいるから女遊びができない」と平気で言う。
――日中からひわいな話、下品な話をあたり構わず言う、耐えられない。
――寮内で男の管理官が下着で歩きまわる。
――生休をとるとすぐ統括官などが話題にするので休めない。
（「全国税」89年10月25日）

セクハラ問題はなかなか解消へ動かない。あちこちの署からセクハラの訴えがでる。

一九九一年（平成三）、都内の税務署の幹部会で「これから部門旅行があるが、女性はコンパニオンではないので、そのようなことがないように」と指示がだされたが、わざわざ指示をださなければならない状況であった。

「書庫にいると、さりげなく近づいてきて、何気なく身体に触っていくあなた、立派な犯罪ですよ」
（「全国税東京」93年4月20日）

女性職員は、ただ働き続けたいだけでなく、税務署のなかでセクハラを黙過せず声をあげていく。

「短いスカートはいてこい」

女性職員は毎年増え続ける。セクハラを訴える声も増えてくる。一九九七年（平成九）、全国税労働組合東京地方連合（東京地連）は機関紙でセクハラ防止キャンペーン「ヤメテ！　セクハラ　覆面座談会」を二回にわたり特集した。

A　短いスカートが好きなようで、若い子に「短いスカートをはいてこい」と言うんですよ。

B　私の知っている人はもっと露骨で、短いスカートをはいていくと「今日はキレイだね」なんて言うんですよ。ジロジロ見られているかと思うと気味悪いですよ。

C　マニキュアがどうの、服装が派手だの、ウルサイことを言う人がおおいですね。これがだいたい統括官。

B　組合（全国税）の新聞にセクハラのことが書いてあった時のことだけど、それを読んだ統括官が「俺はこういうことしてないよな」と言ってたの。全然わかってないんだから。思わず「おまえだよ、おまえ」って言ってやりたかったわ。

（「全国税東京」97年4月1日）

司会　「飲み会」などのときによく問題がおこるようですけど、どうですか？

B　最近は新人やアルバイトさんがターゲットみたいですね。「飲み会」のとき、手を握ったりうしろから抱きついたりやるんです。新人は「こんなものなのか」と我慢すると思ってるんでしょうね……カラオケなんかも危ない。席にいると肩に腕をまわすわ、体にさわるわで、普段はそんな人に見えなくても、変っちゃうんですよね。

D　新人の話ですけど、統括が「内観調査にいくぞ」と言って、ホテルに連れてくんです。

変だなあと思っても、仕事だと言われると行くしかありませんよね。でもヤッパリ内観なんてウソで逃げ帰った後輩もいますよ。ひきょうですよね。

C　まだまだ、いろいろありますよ。エライ人にお茶を入れて部屋に入っていくと体にさわられるとか、なんてよくある話ですよ。

C　最近のやり方を言うと自分の部下とか同じ署の子は避けて、転勤後に、前の「会社」の子に電話して「たまに飲もう」なんて言って呼びだすんです。一対一なら行かなきゃいいじゃないと思うかもしれませんが、これが、まあ、巧妙なんだそうです。そして飲んだ後、「車で送っていく」と言ってタクシーでホテルに連れていくんです。違う職場だと、女性も「もう顔を見なくてもいいから」と訴えないし、元上司の方も気まずさを回避できるわけなんです。

B　それ、私も知ってる。

A　私も知ってるけど、多分、別の人だわ。

（「全国税東京」97年4月7日）

この特集を組んだ二年後、国税庁はセクハラ防止の訓令をだす。同年、署長のセクハラが発覚する。署長が「これがバイアグラだ」と、買ってきたのを職員に見せびらかした。これだけではない。女性職員との昼食会でも男女の関係を話題にする。さらに職員が仕事をしているところへきて下品な話ばかりしゃべるので、「署長ストップ」と職員からいわれる始末。

一九九九年（平成一一）九月、全国税東京地連は局長交渉で厳正な対処を迫った。一二月八日、全国紙とスポーツ新聞に、署長のセクハラを訓告処分とした報道がなされた。各紙同日掲載で記事の内容もほぼ同じ。情報発信元は明白であった。当局は、セクハラには厳正に対処する姿勢を内外に示した。

局署の幹部がセクハラをおこなった場合、その行為が明らかなら、速やかに配置換えをするようにもなった。だが、その後も被害を訴える声は消えない。

専任管理官廃止

当局は普通科の新人を「新任寮」に居住させ厳しく管理をしてきたが、状況は大きく変化する。退職者が急減したため、普通科採用者数は大幅に減少していく。一九九〇年頃は他局からの転入を含め六〇〇名も配置していたが、五年後は二〇〇名を割り、一〇年後は一〇〇名を割る。急激な減員が続くと、新人しか入居させない新任寮はガラ空きになってしまう。

一九九七年（平成九）二月、当局は新任寮制度を廃止する。専任管理官も二〇〇二年（平成一四）に配置をやめた。

一九六三年（昭和三八）以来、普通科卒の大半を新築した寮に三年間居住させ、住み込みの専任管理官が門限の厳守、寮生以外の入室制限、外泊制限、無断で室内に入り蔵書検査など寮生の行動をチェックしてきた。予算と人的エネルギーを大量投入してきた新任寮制度、この三十数年間はいったい何であったのか。廃止をした当局からコメントはでなかった。

独身寮も変貌する。一九九四年（平成六）、川口市に初めてワンルームタイプ寮が建設された。二四平方メートルの洋室である。これは省庁合同で、各省庁が割り当てを受ける。

翌九五年、東京局として六〇室のワンルーム寮を品川区に建てた。このあと建設される寮はワンルームタイプになっていく。

3 オンラインＫＳＫ導入

ボールペンからＰＣへ

「ペン先、ガラス屑は屑入れでなく所定の場所へ」（「局報」67年4月10日）
一九六七年（昭和四二）に新人職員を迎える一言集が「局報」に載った。署の総務課員が仕事上のルールを教えようと投稿したもの。ボールペンはまだ普及しておらず、インクをペンに付けて書いていた時代だ。このすぐあとから、ボールペン書きへ急速に転換する。
その三〇年後、今度はボールペンからパソコン（ＰＣ）へ。これは税務職員にとって大転換であった。机上にあったボールペンと罫紙がＰＣとマウスにとって代わる。
従来の税務署の電算処理はバッチシステムで、しかも全国統一システムではなかった。

一九八八年（昭和六三）、国税庁はＫＳＫ（国税総合管理）プロジェクトチームを発足させ、総合オンラインシステムの開発をはじめた。

寄り道

「机が足りない」

システム導入が決まると、ＰＣ操作の研修が各署ではじまった。若い職員は、既に馴染んでいる者がおおい。だが、ベテラン職員はちがった。ＰＣ操作の研修で、講師が「マウスで左クリック」というが、マウスがわからない。次に「ダブルクリック」といわれると、これも戸惑う。講師の説明は先に進んでいくが、どんどん置いていかれてしまう。

マウスを使って操作しているうち、マウスがいつの間にか机の端までいってしまい、これ以上動かせなくなった。職員は思わず「机が足りない」といった。

このたぐいの話は各署で起こった。一人で操作しているうち、どうやっても画面が動かなくなった。「いいや、消しちゃえ」と電源を切って知らんぷりをしていた。あとで総務課職員がまわってきて「ヘンな操作したのだれ？」。ＫＳＫセンターから署の総務課に連絡が入ったのだ。

最初に導入されたＰＣの良いところ(?)は、立ち上がりに時間がかかることである。電源を入れて画面が立ち上がるまで一〇分はかかった。あとから導入された署のＰＣは五分で立ち上がったが、ＰＣの前でしばらく待ってるのも悪くはないと、皮肉まじりの話がでた。

ＫＳＫは「超勤減らすため」

国税庁のシステム開発室に全国から一〇〇名を超える職員を出向させた。手書きでおこなっている決議書などの作成をシステムに置き換えるための作業をおこなう。いままでとはちがう仕事、知らない職員との仕事でストレスがたまる。しかも深夜や休日出勤が続いた。

一九九二年（平成四）、全国税は長官交渉でこの事態を追及した。

全国税　庁のひざ元のKSKは、連日深夜超勤だ。そこからでも手をつけよ。

長官　むずかしい。超勤をさせないためにKSKを促進している。これが遅れると超勤縮減が遅れる。

（「全国税」92年2月25日）

KSK導入の目的を、長官は超勤縮減のためと回答した。だが「超勤縮減目的」という回答は一度きりであった。

一九九五年（平成七）、京橋署、川崎北署でシステム試行がはじまる。ところが、納税証明は手書き処理のままで職員は驚いた。

「手書きの書類をシステム化するのがKSKなのに、こんなこともできていないのか」

未熟なシステムのままスタートさせたことに現場は愕然とする。

決議入力に「三泊四日」

一九九六年（平成八）一一月二七日、試行を一九署に拡大して実施した。とたんにトラブルが発生。大量のデータが集中し、ホストコンピュータが処理し切れず入出力がストップした。職員はPCをながめて待つのみだ。しばらくすると、署内放送が流れる。

「総務課より連絡します。ただいま復旧したと連絡が入りました。各事務系統ごとに手順に従ってサーバーを立ち上げてください」

個人課税や法人の調査決議では、一日目に事績入力だけ、二日目にエラーデータ帳票出力だけ……などと一件終了までに「三泊四日」もかかる事態に。

使用するPCの台数制限もかけたが、それでも渋滞する。アクセスが集中すると、「しばらくお待ちください」と画面表示がでて、固まったままになる。

こんな笑い話がはやった。PCを前にしている部下に統括官が「一時間たったから休みなさい」というと、部下は「ずーっと休んでます」。職員の健康面から、一時間PC作業したら画面から離れ一息入れると取り決めていた。統括官は健康管理責任者なので、声をかけたのだ。

サーバーは二四時間付けっぱなしのため故障し部品交換する署もでてきた。このほかにも様々なトラブルが発生した。

「KSKだおれ」?

国税庁は職員向けに「KSKだより」を発行し、システム開発状況を逐一知らせていた。だが試行署からは、一〇人くらいが一斉に送信するとすぐにパンクしているのに「ＫＳＫだより」は良いことしか書いてない、などと不安視する声がそれこそ山のようにでてきた。

全国税東京地連は、開発中のシステムの実態を伝えたいと、一九九六年（平成八）九月、特集号「ＫＳＫだおれ」を発行した。組合員からは、当局を揶揄《やゆ》するような機関紙を職場に配っていいのかと危惧する声もでたが、システム開発の実態を知りたいとの職場の声に応えるため発行した。

入力データが訂正できずファックスを使っていた話を載せた。

――所得税のシステムで、調査前の所得が赤字の場合、これを「０」と認識する……申告入力と、調査事績の増差金額の関係が一致しなくなります。もっと問題なのは、この訂正入力が署でできないことです。現在その都度に、センターにファックスで送って訂正を頼むため、手間も日数もかかります。

（「ＫＳＫだおれ」96年10月）

「仮想」局ＫＳＫ障害対策ミーティング、の見出しで送信障害の解決策を面白おかしく記事にした。

幹部Ａ　当初の移行計画（平成8事務年度中に本格運用）からはるかに遅れているんだ。Ｂ君、「大渋滞」になっても、例の「平準化措置」しか解決策はないのかね？

技術担当Ｂ　「ワークステーションを三台に一台は使うな」というやつですね。これは原始的方法ではありますが、ＫＳＫには効き目があります。金もかかりませんし。

幹部Ａ　情けないなあ、税務署の業務をコンピュータに乗換えさせようというときに、「使うな」なんて指示しなきゃならないなんて……。

（「ＫＳＫだおれ」97年2月）

文章の表現はともかく内容は実態を真面目に伝えるものであった。当局から抗議はこなかった。

電卓必携

端末のＰＣは必要数が配置されなかった。

「管理部門は一人に一台ＰＣがないと仕事にならないのに、足りていない。王子署の管理部門は一五名いて九台しかきていないんだ。ＷＳがなきゃ仕事にならないのに、どうするんだろ？」

（「全国税」97年7月16日）

ソフト面では、システムが未熟なケースが判明し、職員を落胆させた。

ＫＳＫでは延滞税計算ができない場合があり、管理の職員はＰＣの横に電卓を置き、算出税額をＫＳＫに入力している。

納付書などのＯＣＲ読み取り能力が低い。特に納税者番号の8か6かの判断が悪い。読み取れないものは入力エラーとなり、解明に手間がかかる。

法人調査の決議システムでは、必要な別表の一部しか作成できないことが判明。別表のおおくは手書きでつくるしかない。その後ずっと改善されないままだ。全業務のシステム化はいつのことになるやら、担当職員は失望した。

漢字変換能力がかなり低い。何度も変換させないと目的の漢字が出ない。ある職員が住所を入力していた。あきる野市を入れようと操作した。「飽きるのし」と画面に出た。思わず笑ってしまった。変換キーを押すと、なんと「飽きる熨斗」とでた。もう一回押した。『飽きる伸し』とでた。もう笑えなくなった。

土・日も出勤

一九九七年（平成九）、KSKは一九署に拡大。KSKセンターは業務量が増えた。長時間勤務を強いられているセンター職員の悲鳴が聞こえてきた。

「宿直もあるし、そうでない人だって泊まり込むし」

「毎週土・日も出勤だったし、夏休みなんかとても取れる状況じゃあない」

（「全国税」97年7月16日）

翌年七月の人事異動で、激務が続いたKSKセンターから都内の税務署に戻ってきた職員は同僚に打ちあけた。「仕事はホントに大変だった。PC画面の枠に、早く戻りたい、と書いたメモを貼って心待ちにしていた」。

導入あせる国税庁

国税庁は、現場の困惑や不満をないがしろにし、システムの全国拡大を急いだ。なぜ急いだのか。当初計画では一九九六年度（平成八）までに全国導入の予定だったが、システム開発と予算獲得が進まず遅れてしまった。

翌九七年一一月の長官交渉で、全国税は未熟なままのシステムを拡大するなと求めた。また参考となる導入例として、法務局がおこなっている登記システムの「全国オンライン化」の導入手順にふれた。これは「パイロット実験」と称し、職員や労働組合と協議しながら進めたもので、手書きの登記事務と同時並行で、開発中のオンラインシステムで同じ作業をおこない、一三年をかけシステム化したものである。

一方、ＫＳＫの開発手法は、従来の手書き処理をやめて導入するもので、失敗すると元に戻せない、と指摘した。長官は「基本的な考えが違う。世の中はコンピュータ化が早いスピードで進んでいる。ＫＳＫを使いこなさなければ税務組織が時代遅れになる」（「全国税」97年12月20日）と意気込んで回答。法務局とは考えがちがうと一蹴した。早く導入することを強調するのみであった。

ＫＳＫは不安定であった。一九九八年（平成一〇）七月九日午後、管理のシステムが全面ストップした。納税証明書が発行不能になり、来署者には事情を話し、後日連絡しますと頭を下げた。

帰ってもらうしかなかった。税務職員にとって屈辱であった。

PCが一人に二台

KSK開発計画は、雲行きが怪しくなってくる。一九九八年（平成一〇）、国税庁は全業務をKSKでおこなう、との目標を取り下げた。

長官は全国税との交渉で「KSKイコール機械化ではない」、「KSKよりはパソコンでというものはパソコンにするなど幅の広い考えでいく」と回答（「全国税」98年10月15日）。

KSKに入出力する端末PCがあるのに、これとは別のPCシステムも使うとはどういうことか。長官回答はよくわからなかった。しかし、四年後、この意味がわかることになる。

申告入力や課税処分の決議をおこなうKSKシステムとは別に、職員専用オンラインシステムをつくった。こちらで職員間のメール、調査や徴収の情報、PCによる研修、「局報」の配信などをおこなう。KSKとは交わらないシステムであるため、もう一台PCが必要になった。これで各職員の机上にPCが二台も置かれることになった。机が狭くなり仕事がしづらくなった。職員には不評であった。

なぜ二台必要なのか事前の説明もなかった。その数年後、端末PCを更新するタイミングで一台になった。二つのシステムを統合し、一台で両方の仕事ができるようにしたからだ。

ＫＳＫ導入を急がず、最初から一台で用が足せるシステムを開発していたなら、職員一人に二台もＰＣを配付する必要はなかった。不便をかけなくても済んだし、税金の無駄使いにもならなかったのだ。こうなったのも導入を急いだからだ。当局のずさんな計画に批判の声が高まった。全国の税務署にＫＳＫがいきわたったのは、当初計画から五年遅れの二〇〇一年度（平成一三）であった。

4　霞が関腐敗、二〇代キャリア署長問題

「同じ仲間だろ！」、「俺の仲間じゃない！」

一九九五年（平成七）、東京協和など二つの信用組合の破綻問題から、大蔵省（当時）幹部が、酒食、ゴルフ、海外旅行まで異常な接待を受けていた事実が判明、連日のマスコミ報道、糾弾する世論も大きくなった。常に納税者と接している税務職員は、あらぬ抗議を受けることになる。

「ある署の徴収部門で……（大蔵省幹部の）不祥事がマスコミに出た日、滞納のことで納税者と面接中、相手が感情的になって『お前も（接待を受けた大蔵省幹部と）……同じ仲間だろ！』と言われ、『俺の仲間じゃない！』と反論した」　（（）内筆者注。「全国税」95年11月5日）

毎日現場で納税者と顔を付き合わせている職員が抗議を受ける理不尽さに、職員は怒った。

事件では何名もの国税庁幹部、国税局長の名前が上がった。国税庁長官は、対外的には謝罪したが、現場でとばっちりを受けている職員には謝罪しなかった。

同年一一月、全国税東京地連は局長交渉で追及した。

「納税者の批判はいままでになく強い。現場の職員がいわれもない批判を受け続けている」

「納税者・国民からいわれのない批判を受けている我々職員に、東京局の責任者として『謝罪』すべきだ」

（「全国税東京」95年12月20日）

当局を厳しく追及したとの情報は外部にも伝わった。

「第一線で真面目に働く税務署員をどれだけ傷つけたことか。東京国税局では、キャリア組の幹部が組合から徹底的な吊し上げを食った、という話も聞いた」

（岸宣仁『検証　大蔵省崩壊』東洋経済新報社、96年）

責任は追及したが、「吊し上げ」はしていない。

キャリアの楽しみ、税務署長

前掲岸氏の著書では、大蔵省の中堅幹部の告白にふれる部分がある。この幹部は、二〇代で税務署長に就かせることを批判した。

「前日まで夜中の一二時、一時までコピー取りや夜食の手配といった小間使いをさせられていた人間が、次の日からいきなり床の間を背に座らせられる。宴会、ゴルフ、視察旅行と」
「署長を辞めるときには常識をはるかに超える餞別をもらい、金銭感覚まで麻痺してしまう。うちで起きた様々なスキャンダルの〝原点〟に、税務署長の制度があるような気がしてならない」

この事件の起こった年、全国税東北地方連合は機関紙「全国税とうほく」で、仙台局内の税務署長に就いたキャリアの行状を批判する記事を載せた。

▼帰宅遅く（署で何してンだろう）、出勤一〇時過ぎも度々で、送迎の運転手さんの苦労、察するに余りあり。

▼合同宿舎に入居しているが、出勤の遅さに、宿舎の奥様方のうわさになった。「あの人はどこの人」に始まり「Y署のエライさんよ」と。

（「全国税とうほく」95年4月25日、5月25日、「全国税」98年3月24日）

キャリア署長のこのようなふるまいは、かなり前からの「伝統」である。一九五五年（昭和三〇）、若いキャリアが平塚や館山の税務署長に就き、飛び昇格する。

しかし、彼らの朝の出勤は遅い。「八〇回チコクするような学閥が昇格するというのは、どういうことか」との追及に、長官は「従来のイキサツだけでやっているだけだ」と回答。イキサツで署長に就任させ、飛び昇格させていることを認めた（第一章2）。

一九九六年（平成八）、元大蔵事務次官の高木文雄氏は、若いキャリアを署長にさせ続けていることについて、次のように述べている。本音であろう。

「署長だけでなく調査員にしたり、いろいろやってはみたんだよ。でも仕事が大変すぎてうまくいかないいんだな。署長ならメリットは多く実害は少ないから、今まで続いてきた」

（「AERA」朝日新聞社、96年4月1日）

キャリアとはいえ、調査を担当したからといって実績をすぐだせるものではない。調査をさせることはやめてしまうが、税務署長にさせることだけは続けていく。

一九九五年（平成七）の大蔵省幹部腐敗が事件化し二〇代のキャリア署長にも批判が及んだとき、税務署長に就く年次にさしかかったキャリアの嘆きが聞こえてきた。

「もうすぐ署長にでると思って楽しみにしていたのに……」

二〇代で署長になれる根拠

国家公務員の給与法では、一級から一一級までの階段がつくられ、普通科採用は一段目の一級から、国専は二級から、キャリアは三級からスタートする。「標準職務表」でそれぞれの階段にポストが割り当てられている。税務署長は八級以上にならないと就けないポストだ。

また、階段を一段上がるには、いまの階段にとどまる期間が定められ、すぐには階段を上がれない。

本省採用のキャリアは経験五年三か月程度で税務署長に就く。彼らは三級からスタートするが、それでも五年三か月程度では絶対八級に到達しない。「勤務成績が特に良好」な者は、階段にとどまる期間を八割に短縮できる規定があるが、それを使っても四級もしくは五級にしか到達しない。だが八級格の税務署長に毎年発令がある。法令上できないはずにもかかわらず、だ。

一九九五年（平成七）一一月、全国税東京地連は局長交渉で問いただした。

全国税　I種採用者（現在の総合職）は経験五～六年で五級程度なのに、なぜ署長になれるのか。明確に聞きたい。

局長　回答の準備ができていない。　（（）内筆者注。「全国税東京」95年12月20日）

その後当局から公式回答があった。「従来から適材適所の観点で適切に行っている。何級でなければ署長になれないというものではない」（「全国税東京」96年2月1日）。

給与法を無視した回答であった。同法では、税務署長の職務の「複雑、困難、責任の度合い」を八級以上のポストと規定しているのだ。

東京地連は、同紙上で当局見解を批判した。

――「標準職務表こそは現行俸給制度の運営のための最も基礎的、根幹的な基準である」と、人事院が編纂《へんさん》した「公務員給与制度注解」で明言しています。つまりポストと等級が分離しないことが制度の趣旨なのです。

キャリアは階段の五段目にいる。あと三段上がらなければ税務署長に就けない。

（「全国税東京」96年2月1日）

欠員でたまたま署長に

翌九六年（平成八）二月、東京地連は局長交渉で再び問いただした。回答は驚くものであった。

人事一課長　人事院規則九―八では、欠員があった場合下位の級の者から持ってきてもいいとある。

（「全国税東京」96年3月1日）

しばし沈黙の時間がながれた。交渉参加組合員は唖然とした。欠員？　署長にすべき該当者がいなかったので、下位の五級のキャリアを署長にしたということか。それをやるために、こんな規定を根拠にしていたのか。

気をとりなおして追及した。

全国税　だからといって五級から持ってくるのは制度の趣旨からの逸脱だ。

局長　五級の署長が制度の趣旨に反しているとは思えない、たまたまということだ。

全国税　たまたまではない。キャリアの同期採用はほとんど一緒に署長になっている。

（「全国税東京」96年3月1日）

署長候補はたくさんいる。副署長経験者は既に九級になっていて経験も豊富だ。局長は、署長の資格を十分そなえたノンキャリアを無視し「たまたま署長の適任者がいなかったので、経験五、六年の五級のキャリアを署長につけた」といったのだ。

東京地連は、民間企業はどのようにポストに就けているのか、第一勧業銀行（当時）の支店長人事を『会社職員録』（ダイヤモンド社、95年11月）から調べ、「全国税東京」（96年3月19日）で以下の内容を報道した。

東大卒の第一選抜は四一歳で支店長に就いていた。ほかの大卒は四二歳、高卒は四五歳であった。東大卒でも、二〇年近く経験を積まないと支店長にさせない。しかも、高卒とは四年の差で、税務署長発令のように、採用のちがいをそれほど重視せず、経験を積んだ者のなかから選抜している。この人事と比べても、二〇代キャリア署長発令がいかにいびつかよくわかる。

声は震え、唇も

キャリア腐敗報道以来、職場の内外でキャリア批判が強まった。署の幹部からも「キャリア署長は交代を」と意見がではじめた。

これらの批判にもかかわらず、国税庁は一九九六年（平成八）の定期異動で若いキャリアに税務署長発令をした。従来の発令ペースより一年遅らせたが、年次に従い一律発令である。

同年九月、東京地連は局長交渉で、若いキャリアへの年次一律の署長発令を厳しく批判した。

委員長は思いあまって「東京局にキャリアはいらない。私たち（ノンキャリア）だけでやれる」といった。委員長の正面には、局長、総務部長、総務課長のキャリア三名が座っている。打ち合わせにない発言で、参加組合員は一瞬ドキッとした。ノンキャリア職員の不満、怒りを受けとめ、身を賭《と》しての発言であった。委員長の声は震え、しばらく唇も震えていた。

5　国税専門官採用者の昇任は頭打ち

上級乙格付け

一九七一年（昭和四六）、大卒程度の国専を初めて採用した。そこから二〇年ほど経過したところで、人事上の処遇は高卒の普通科採用と比べ、どのようになっているのか。

調査・徴収官への昇任は普通科の平均より約一年早い。上席調査・徴収官昇任も一年程度早い。統括官昇任の第一選抜も一年ほど早いのだが、その後の伸びは頭打ちとなっていく。

一九九五年（平成七）時点で四六歳の統括官等昇任率は、普通科八一％に対し国専七八％で国専の昇任は頭打ちとなり、普通科より低くなっている。

この問題で全国税は二〇〇五年（平成一七）、長官交渉で追及した。

全国税　国専は採用時は普通科より上位だが、その後を見ると国専への発令が普通科と比べても低い。なぜか根拠を示してほしい。

長官　国専は創設当初と違い、採用数も増え、職場環境も変わり、国専が職場の中心を担っている。士気を保たなければならない。今のところは、人事の基本に則った結果としかいいようがない。

全国税　きちんと調査せよ。

人事課長　はい。

（「全国税」05年10月25日）

翌〇六年一二月、東京地連もこの問題で局総務課と交渉した。

――国専一期に対し「採用者の初任給は上級乙と同じ格付け」とした当局資料等を示し、国専採用者の処遇を守っていないと追及しました。当局は「スタートは上級乙といっしょ、将来は（上級乙と同じとは）言ってないのではないか」と回答。

（「全国税東京」07年2月1日）

その後の処遇までは「保証」していないと冷たい回答であった。

将来を保証されていないのは、どの採用でも同じであるが、なぜ国専は採用後二〇年あたりのポスト昇任で頭打ち傾向になるのか。いったい当局は国専をどのように処遇しようとしているのか、現場からは見えてこない。

四〇代半ばで頭打ち

当局は、人事については職員個々の「能力適性等を総合勘案」しておこなうといっている。人事は能力適性だけでは決めない。総合勘案する。ここもブラックボックスである。

一九九四年（平成六）一二月二一日、ブラックボックスのなかを一部のぞくことができた。この日、全国税が人事院におこなった行政措置要求の判定がだされた。これは労働組合の所属による人事差別の是正を人事院に求めたものである。

人事院は調査の結果、人事評価通りに発令があったとし、措置要求を認めなかった。だが、人事院の判定文で注目すべき部分があった。全国税以外から特官に昇任したうち、三年間ともC評価だった者が二名いたことである。Cが続いても当局は特官に昇任させていた。C評価は平均かそれ以下の評価だ。全国税組合員のほとんどがC評価であった。ということは昇任の可能性があることになる。事実、行政措置要求をし、判定が下る三年間のうちに、全国で百余名の組合員が特官などに発令された。

この発令の特徴は全員が五〇歳以上であることだ。C評価が続くベテランより、B評価以上の職員を先に昇任させるところだが、当局は長年地道に仕事をし続けてきたことに着目し評価した。これが総合勘案の中身の一つである。

とすると、国専のポスト昇任頭打ちはなぜ起こるのか。第一選抜は普通科より一年早い。これも人事の総合勘案による昇任基準である。だが、国専の総合勘案はここまでだ。

長官は交渉の席で「国専が職場の中心を担っている」とまで明言したのに、国専のポスト昇任率が普通科より低下してきている。当局は、国専のその後の昇任率には注目していないのだ。国専を「職場の中心」と本気で考えているのか疑わしい。

6　当局の失策、地方消費税導入で負担増

「あたかも一つの税目であるように……」

一九九七年（平成九）四月、消費税が三％から五％に増税となる。ただの増税ではない。国税は三％から四％に増税。あとの一％は地方税法に規定された地方消費税という新税の分だ。

納税者は二つの税を一枚の納付書で納付する。税務署は納付された額のうち、地方消費税の額を区分け処理する。

税務署の管理部門職員にはあらたな事務負担がのしかかった。誤った税額納付を処理する場合、地方消費税を区分けするのに複雑な決済手続きと処理が必要になった。延滞税計算、還付加算金計算も別計算で、納税証明発行事務もしかり。

これだけ事務負担となったのに、当局は管理部門の定員を増やさなかった。

一九九七年（平成九）九月、全国税東京地連は局長交渉で管理部門職員の増員を要求した。局

長回答に交渉参加者は唖然とした。

「あたかも一つの税目であるように……」「一体のものとして……」

地方消費税の処理といっても、消費税が三％から五％に上がっただけではないか、あたかも消費税という一つの税として扱うので、職員を増やすまでのことではない、といったのだ。

「局長、なにをいってるんですか！」

管理部門で仕事をしている執行委員は顔を真っ赤にして訴えた。どのような仕事がどれだけ増えたのか懸命に説明した。

局長は、新税導入でも事務量は増えないはずなのに、なぜ現場は怒るのかと、戸惑っているように見えた。

当局は定員を増やすほどではないと判断したが、明らかに失策であった。それは、地価税導入のときの対応と比較すれば容易にわかることだ。

地価税は一九九二年（平成四）一月に施行された新税で、国税庁は担当する資産税部門の定員を増やした。一九九〇年（平成二）の東京国税局資産税部門の定員は九七〇名であったが、新税導入で約二五〇名増やした。増える事務量を見積もり、必要な定員増を予算化した。

東京局管内の管理部門定員は、増やすどころか一九九九年（平成一一）に三五名削減、翌年も一五名削減した。当局は削減理由を「ＫＳＫ導入効果があった」とした。改善が進まないＫＳＫ

システムにイラ立ちながら仕事をしているというのに、「導入効果があった」では、現場で苦労する職員は浮かばれない。

7 健康破壊の「局型労働」

いきなりプールに突き落とす

署から「選抜」されて国税局勤務となっても手放しでは喜べない。辞令をもって局へいった日から過酷な仕事を、未経験でもロクなＯＪＴ（実務を通しての研修）もないまま担当させる。研修の講師までさせることも。深夜まで、また土日も仕事が続くこともある。

水泳を教えるのに、いきなりプールに突き落とすような仕事のさせ方である。これが局型労働だ。これで職員の健康や生命を破壊させることも起こる。

一九九八年（平成一〇）、国税局の職員が相次いで亡くなるという悲しい事態が起こった。その原因として長時間・過密労働だけでなく、必要なＯＪＴもせず、膨大な量の事務をさせる国税局の仕事のやらせ方がある。また本人が体調不良を訴えても、必要な対応をしなかった。

局で起こった事態を全国税東京地連は局長交渉で追及した。

全国税（局では）膨大な事務量を、未経験者に研修も受けさせずやらせている。「たたいて育てる」というのが局の仕事のやらせ方だ……深夜勤務や土日出勤は止むを得ないと考えているのか。

局長　いいとはいえない。状況の一端は承知している。

全国税　生活や命、健康を犠牲にした働かせ方がいい仕事を生むはずがない。

（（ ）内筆者注。「全国税東京」98年10月15日）

この局型労働が引き起こす事態は以前にも起こっていたが、当局は真剣に問題と向き合わず、局型労働を改善しないまま、同じ事態を招いてしまった。

一九九〇年代、税務署はおもい切り若がえった。これに職場はうまく対応できない。あからさまなセクハラも当局は止められない。そして消費税導入、KSKシステム導入と大きな変革が相次いだ。さらに霞が関の腐敗に端を発した二〇代キャリア署長批判。いくつもの大きな変革とキャリア特権人事批判が噴出する一〇年間となった。

第七章　危機管理の二一世紀

1　危機管理押しよせる

さきがけは寮・宿舎の大量廃止

一九九八年（平成一〇）六月、関東財務局は公務員宿舎廃止計画を突然通知した。前触れなしの大量廃止で、職場は驚いた。

国税庁は「住宅事情が職員の勤労意欲に重大な影響を及ぼすことに顧み、宿舎の増設及び質的向上に努め」（国税庁「税務運営方針」一九七六年）と、宿舎の整備には以前から積極的であった。それが突然廃止の情報である。

廃止規模は五〇〇〇戸ほど、しかも若い職員が入居可能なB規格の宿舎が多数該当し、給与の低い若い職員への経済的打撃は大きくなる。

ほどなく、大量廃止は大蔵省理財局が強行したことがわかった。今後の「情報公開法」施行で、宿舎が多数空いていることが国民一般にわかるのはまずいと判断したという。だが、法律が適用されるのは二年後である。理財局の幹部が先を読み、すばやく動いたのだ。影響を受ける職員多数の利益より、宿舎の大量廃止で利用率を上げることを優先した。数字の見栄えをよくした。

これは、危機管理をとなえ自己責任を押しつける二一世紀のさきがけであった。税務職員を支えてきた基盤、いままでは安定し、職員が安心して立っていた土台が崩れはじめていく。

「これで国税一家も終わりか」

一九九八年（平成一〇）一月、大蔵省銀行局などの職員らが銀行からの収賄容疑で逮捕され、大蔵省では事務次官はじめ多数のキャリアが辞職した。「ノーパンしゃぶしゃぶ事件」ともいわれ、接待漬けの実態が明らかになる。現場の税務職員からは考えられない内容であった。

この事件を契機に、国家公務員倫理法が成立し、二〇〇〇年（平成一二）四月から適用になった。さっそく当局は動いた。

東京国税局では臨時署長会議がおこなわれた。申告書紛失などが相次いでいる問題について、事務処理手順の厳格化を指示。これだけでなく「葬儀参列は手伝いの場合も含め年次休暇をだすこと」と伝達された。

職場に衝撃が走った。それまで当局は職員の葬儀に際し手厚く対応してきたからだ。職員が亡くなると総務課長がすぐ飛んでいき、葬儀の細かな段取りから、葬儀場への道案内、受付、会計など手伝い要員として職員を配置してきたのだ（第三章1）。

同年九月、全国税東京地連は国税局長交渉をおこなった。全国税は「『国税一家』という言葉もあるが、良いも悪いもそういう職場感情を大事にして、これまで困難な仕事をやらせてきたはずだ」（「全国税東京」2000年10月15日）と追及。

局長は「悪い部分は正す」と回答。だがその判断は「国税一家」を崩すことにつながる。

翌二〇〇一年（平成一三）三月、国税庁は突如レクリエーション（略してレク）の勤務時間外実施を伝達してきた。

レクは人事院規則に職務専念義務を免除する規定があり、以前から平日に実施してきた。国税庁はレクの位置付けを「職員の元気を回復し、職員相互の連帯感を高めるため」（国税庁「税務運営方針」1976年）とし、積極的であった。税務署のレクは春と秋の平日に、バス日帰り旅行、ソフトボールなどのスポーツ、潮干狩り、美術館巡りなどをおこない長年恒例の行事となり、職員のおおくは楽しみにしていた。これを当局は、平日実施はかなり限定されているとし、厳格な解釈に変更した。

五月三〇日の交渉でも追及した。白熱した議論はいままでになく長時間に及んだ。局長は撤回しなかった。

局長を非難する声は署長たちからも上がった。ある署長は「最悪だ」といった。

これを聞いた若い職員は少し驚いた。レクと並ぶくらいの楽しみはいくつもある、レクはそんなに価値のあるものなのか。

だが、年配の職員にとってレクは価値のあるものだった。土曜日も働いていた時代、楽しみの選択肢が少ない時代、仕事を離れ職員同士で楽しむレクは輝いていた。みんなで共有していた価値だったのだ。

ある現役職員の葬儀がおこなわれた。式を手伝い、参列する職員は年次休暇をだすことになった。

「これで国税一家も終わりか」

告別式に参列した署の幹部はつぶやいた。

当局が、世間一般に説明がつかない、都合が悪いと判断したものを、この一年で強引に職場から引きはがしていった。だが、これらはそれぞれに根拠、経緯があったから当局は長年認めてきた。これらを認めつつ、現場に困難な仕事をやらせてきたのだ。

これは当局にとっても「おおごと」であった。それは一年後、局総務課長の「離任のあいさつ」に読み取れる。総務課長は、局長の指示のもと危機管理に取り組んできた。

「日々、新たな課題にぶつかり……時々刻々と変わりゆく困難な状況」

「東京国税局は、我が国の興廃を背負わされた組織、故に、負けることの許されない組織です」

（「局報」2001年8月2日）

局総務課長は、後に引けないほどの切迫感をもって危機管理にあたっていた。

寄り道

局長時代の三時間四〇分

東京国税局の危機管理を指揮した局長は、五年後国税庁長官となった。そして「国税広報」（07年4月25日）に「定期健診のすすめ」と題する一文を載せた。チェーンスモーカーであることにふれ、「寝ている時間を除くと、最も長い禁煙時間は、東京国税局長時代の三時間四〇分でした」と書いた。

これを読んで「あの時だ」とすぐ気がついたのは、前掲の二〇〇一年（平成一三）五月三〇日の局長交渉に参加した執行委員だ。交渉中は禁煙である。レクの議題で互いに譲らず最長の交渉となった。全国税の次は東京国税との交渉であったが、予定より遅れてはじまった。

身だしなみまで危機管理

危機管理は「局報」にも及んだ。局長など幹部が寮生と歓談する写真を毎回載せ、派手に報道していた独身寮ビアガーデンの記事はなくなった。また以前は職員個人が素顔で登場する企画がいくつもあり、所属、氏名、顔写真、ときには年齢までも載ったが、このような企画もなくなった。

調査では、料調指導事案に着手する週は、税務署内で着手前日の「うち入り式」にはじまり、毎晩飲み会をおこなうのが恒例になっていた。署は料調を接待していたが、ある日料調は突然辞退してきた。ある統括官は、「毎日暗くなってから、晩飯も食べないで署に戻ってくるのに、用意したものに手をつけないんだ。せめてオニギリくらいは食べてもらいたいよ」と驚いた。

署から局の各主務課へ出向くときは、ビール券を「おみやげ」として持参する悪習慣があったが、これもなくなった。

税務署にはたたみかけるように危機管理の指示が下ろされた。

ある署で修正申告書を紛失した。さがしたところ、シュレッダー屑から修正申告書の裁断片が見つかった。当局は、統括官が部門の分をまとめてシュレッダーにかけるよう指示をだした。

二〇〇一年（平成一三）、一月から四月末までの期間、ゴルフをするための年次休暇は認めないと当局は伝えてきた。確定申告で忙しい時期なのに税務職員が平日ゴルフをしている、と外部から批判がでることを恐れた。

同年一〇月、局から個人課税、資産課税部門に「総点検の実施」の事務連絡がだされ、書類の放置などがないか、フロアのあちこちで緊急捜索がおこなわれた。

――「職員の事務机、ロッカーから書庫まで全部を見直せ」というもの…… 署によっては休暇中の職員に電話をして机を捜索したところも。

（「全国税東京」01年11月15日）

ものをなくすなと、笑い話のような対策が。

「パソコンを電車内などに忘れる事が各地で起きているという話を耳にしますが、大阪局のある署では、体とカバンに装置を付け、七メートル以上離れるとブザーが鳴る警報器を数個購入したとのこと。これホントの話」

（「全国税東京」02年2月5日）

二〇〇二年（平成一四）、局人事二課は「接遇マナー」と題した小冊子を職員に配布した。

「鼻毛がでてないか・化粧が崩れていないか」

「（髪の毛を）不自然な色に染めていないか」

職場からは、本当に大きなお世話だ、不自然な色とはどんな色か、染めるなということか、完全に個性の否定だ、などおおくの批判がでた。

二〇〇三年（平成一五）京橋署では、職員がＰＣをこわした場合二〇万円を自費で弁償せよとの文書をまわした。

二〇〇六年（平成一八）、いくつもの署で、見あたらない申告書さがしを職員多数ですることになった。

ある署の法人課税部門では夏休み以後延べ百人日を投入し申告書をさがした。そのため調査計画件数を二〇件減らした。

「（不明分の申告書を）捜していたが、局が九月二〇日を報告期限としたことから、九月一七日の休日に出勤して捜すことが決められた」（（）内筆者注。「全国税東京」06年10月16日）

国税庁が「飲酒のときにカバンをなくすなどの事故がおおい」と注意喚起すると、国税局は二次会禁止の指示をだし、さらに税務署では午後七時以降のおかわり禁止とまでいう。危機管理は負のスパイラルとなり加速していく。

寄り道

ＯＢ脱税で余波

二〇〇二年（平成一四）、東京国税局出身で札幌国税局長を歴任したＯＢ税理士が脱税で逮捕された。不正所得は四年間で七億円にのぼった。世間はＯＢ税理士が顧問あっせんを受け巨額収入を得ていたことに驚嘆した。

この翌年、ある税務職員が調査先で顧問あっせん批判を受けざるを得なくなった。

「調査時、ある会社の役員さん曰く。『国税局の要請で顧問が二階建てとなっていたが、この不況で一人にしてもらった。そのやめた人がひどかった。一度も顔を見せたこともなく、挨拶もなかった。二年間、月五万円をドブに捨てたのと同じ。人間としての礼儀も知らない。税務署がいつまでもこんなことをしていていいんですか』。約二〇分間にわたり批判した。話がもっともなためか自分が小さくなっていくのを感じ悲しかった。そしてなんで自分がこんなことを言われなければならないのかと思った」

（「全国税東京」03年6月30日）

責任ある者に直接意見を、といいたいのをこらえ最後まで相手の話を聞いたのであろう。地獄の二〇分である。

2　危機管理となえるウラで

違法調査で国側敗訴

二〇〇〇年（平成一二）二月、京都地方裁判所で、所得税の違法調査を告発し損害賠償請求した「北村事件」の判決があり、国側が敗訴。翌月国側は控訴断念し判決は確定した。

一九九二年（平成四）、個人事業の衣料品店に大阪国税局の資料調査課と下京税務署の職員が無予告現況調査に入った。判決では、承諾を得ないで店舗二階へ上がった行為、タンスなどの引き出しを検査した行為を違法と認定。また従業員のバッグ内の手帳の頁をめくって調べた行為は「他者には知られたくないもので、プライバシー保護の要請が特に強い」とし、これも違法とした。

判決は各局で周知された。東京国税局では法人調査部門でも、「北村事件判決」だけの研修が臨時に開催された。ベッドの引き出しを開け下着類までだして調べた、など具体的に説明した。

この年、危機管理を強調しはじめたこともあり、当局は事件を機に無予告、現物調査を制限すると思われたが、研修では、納税者の同意を得ておこなえとの注意喚起だけで終わった。

これまで当局は、金庫や社長の机やバッグまで開けさせないと一人前の調査ではないと盛んに教えてきた。優良調査事績発表でも現物調査から不正を発見した事案を評価した。この判決は、納税者との摩擦を生じさせてきた調査手法を制限するチャンスであったが、当局は踏み込まなかった。

ただし、現場では「現物確認ができて一人前」などあからさまにいう声は、鳴りをひそめた。

ノルマ暴走「数字しか見ません」

危機管理、コンプライアンス順守が強調されていくが、これを無視するかのように実績の数字にこだわる事態はとまらない。

二〇〇一年（平成一三）、ある署の徴収部門で目を見張る実績が上がり、異常な数字だと注目を浴びた。滞納が減るのは納付があった場合だけではなく、滞納処分停止をおこなう場合も滞納の数字は減る。

「先日、局徴収課がダントツの成績をあげている都内某署に、『臨時の事務指導』に入った模様です。理由は、通常では考えられない滞納処分の停止処理がなされているから―のようです」

「処理方法は法律も通達も無視しているとのうわさ」

（「全国税」01年7月25日）

こんなに実績が上がるはずがないと、当局は指導に入ったのだろう。

二〇〇五年（平成一七）八月、強烈に尻タタキする局幹部が現れた。「国際取引調査実務研修」で、局法人課税課の幹部があいさつした。

「この研修には約二〇〇名の職員が参加している。四日間で八〇〇人日の調査日数が減少し、税収で一〇億円減少することになる。その分、……頑張って局に（不正所得発見の）概況連絡を持ってきてほしい」

（（）内筆者注。「全国税」05年11月10日）

この幹部が七月に就任してから、概況連絡を上げた署ごとの件数を週単位でまとめ、全署にメールで知らせた。これに署の幹部はあおられた。

ある署の法人一統括官は全体研修の場で、「私は数字しか見ません」と発言。また、別の法人一統括官は「調査の評価は、最終的には数字でしか現れない。第一義的には数字だ。人当たりが良い、人間性が良いなどというのは評価の対象にはならない」とまで発言した。

三期で三万円追徴

数字を上げるためここまでやるのか、調査立会したOB税理士は驚いた。

「会社の調査に特官が付職員（部下）ときた。あれこれ見るが何もでない。すると特官が付職員にガソリンスタンドの領収書から軽油引取税を拾えといった。（軽油代のほかに軽油引取税まで消費税の控除税額としていたため）付職員は……『拾ってもいくらも出ませんよ』といった……特官は顔色を変え、納税者や税理士の前で『言うとおりやれ』と怒鳴り散らした……三期やって追徴の消費税は三万円……四日かけてこれだけ」

「若い調査官が調査に来た。何もなくて帰った。……しばらくしてもう一日行きたいと電話が。……統括官が同行してきた。統括は、挨拶もそこそこに帳簿をめくり始めたが、調査官はワキでお茶を飲みながら統括の調査を見ているだけ。統括は調査官になんの指示もしない。結局ゼロで帰った」（（）内筆者注。「全国税」05年11月10日）

このような調査を目の当たりにした納税者は「やっぱり調査にはノルマがあるのか」と思うであろう。税務署の調査に不信感を持つことになる。

電子申告普及率ねつ造

二〇〇四年（平成一六）、全国の税務署で電子申告（e－tax）の運用がはじまる。二年後、国税庁はe－taxの利用目標について、現状〇・一％を、五年後に五〇％を目指すと通知してきた。とてつもなく高い目標だ。

法人調査部門の統括官に対し、税理士にe－taxの勧奨をせよ、統括官の調査日数を削り勧奨にあてよと指示がでた。何件勧奨の電話をしたかなどメールで日々統括官に督促する署の幹部も現れた。署の幹部も局からメールでe-taxの利用拡大を督促されているのだ。

統括官は「ぜひe-taxで申告を」と電話で依頼をする。OB税理士は高齢の場合がおおく、「おれは面倒くさいことはやらない」などと断られることも度々である。

二〇〇八年（平成二〇）、e-taxの還付申告は三週間で還付手続きをおこなえと指示がでる。職員から、ペーパー提出分の還付申告を後回しにしてよいのかと批判が上がった。

同年四月、電子申告達成度のねつ造が発覚する。全国税などへ職員から投書があった。当局は八年前から危機管理を強調していたのに、ねつ造は衝撃だ。

「●●署において■■の指示により、来署型e-taxの実績をあげるという目的のために、▲▲▲▲経由で提出された確定申告書を、あたかも本人が署でe-taxを利用して申告したかのごとく装うために、▲▲▲▲の了解を得た上で職員に残業までさせて署でe-taxの入力をさせていたという事実があります」（伏字は編集部。「全国税東京」08年4月15日）

来署型e-taxとは、申告相談で来署した納税者に、その場でPCを使いe-tax申告をさせる方式。青色申告会経由でだされた紙ベースの申告書を、e-tax申告を装うために、後日職員に入力をさせた。ここまでしてe-taxの利用割合を偽造したのだ。

当局はこの年度の利用割合目標を三%から八%に前倒しをした。確定申告がはじまる前、局幹部が各署をまわり尻タタキした。日々利用割合の報告をさせ、署ごとの数字を各署に公表した。

このノルマが「偽装」を引き起こしたと、全国税東京地連は局長交渉で追及した。

地連　強烈な尻たたきで、現場の幹部は追い込まれた。

局長　青色申告会は当局の要請を受けて、会として目標を立ててやっている。「不適切な事例」があったことは遺憾、署を指導する局として反省している。

（「全国税東京」08年6月30日）

局長は「不適切」と軽い問題で済ませようとした。当局から、ノルマ強要への反省は聞こえてこなかった。

「独身寮持ってる企業あるんですか」

寮、宿舎の大量廃止は勢いを増し、二〇〇九年（平成二一）、東京二三区内の宿舎は本省以外の職員には貸与しないとする理財局長通達がだされた。税務職員多数が二三区から追いだされることになるため、国税当局は弾力運用を求め理財局と協議したが打開は困難だった。同年一一月「事業仕分け」で公務員宿舎建設を凍結してしまった。

翌年二月一〇日、テレビ朝日の「ニューステーション」で枝野行政刷新相は、「民間で独身寮を持ってる企業あるんですか、都内に宿舎持つ必要あるんですか」と発言した。

さらに二〇一一年（平成二三）一二月、政府検討会では「福利厚生目的を認めず」とまで決めた。これは暴挙だった。二〇〇六年（平成一八）「有識者会議」で、宿舎制度の見直しは「福利厚生面も含めた人事行政全体のパッケージとして検討が必要」、「勤労意欲に配慮することも必要」とふれていたのだ。これをばっさり切り捨てた。

寮、宿舎大量廃止の影響は深刻だ。結婚が決まり宿舎を希望しても入居できない場合がではじめる。民間の賃貸では経済的負担がのしかかる。安心生活の土台である「住まい」が大きく揺らぐ。

午後七時「今日中に調査に行け」

セクハラ対策では一九九九年（平成一一）、当局は重い腰を上げ、マスコミを活用し一罰百戒の手法で対処した（第六章2）。

ところがパワー・ハラスメント（パワハラ）では動かない。職場には目にあまるパワハラが聞こえてきていた。東京地連は機関紙で、パワハラの実態をドキュメントタッチで告発した。

――自席の前に立たせたままJ上席の報告を受けるK統括……部門全員が復命に耳を傾け、成り行きを気にしている。「なに、調べていない？　ここは、まだか。今日は何をやってきたんだ。もう一度行ってこい」の怒号が響く。今からかのJの問いに「調査に行ったのは今日だろ。今日中に調査に行け」とKはいいきった――。時計の針は午後七時を回り、復命は延々と

二時間余に及んでいた。（「全国税東京」07年4月24日）

職員同士ではパワハラ防衛対策として情報を伝えあっている。

「こんどの異動であの統括があなたの署に動いたから気をつけてね」。電話で仲間に注意を促す。要注意とされた統括はパワハラで有名だ。署の幹部が見かねて注意するが従わない。その統括官の部門では、毎年のように部下が退職するのだとか。この電話をもらった職員は調べてみた。本当だった。

当局は、何がパワハラか定義を決めかねていた。指導なのかパワハラか、その境界は明確とはいえない。

だが、職場で周囲にいる者は察知できる。明らかに不快と感じるからだ。相手の人格を否定しているから不快なのだ。パワハラを受け、メンタルを病んだり退職にいたったりする職員をださない手だてが求められているのに、当局は踏みだそうとしない。

3　日曜開庁の一方で「やさしく突き放せ」

「コンビニ税務署だな」

二〇〇三年（平成一五）九月三日、国税庁は「閉庁日対応」との表現で、二〇〇四年（平成一六）の確定申告期に、休日の申告相談、納税の現金収受を検討していると伝達してきた。
休日の税務署開庁は二〇〇二年（平成一四）一〇月の「財務省政策評価の在り方に関する懇談会」で、委員の一人が要望したが、国税庁長官はその場で明確に「拒否」した。

「平日もかなり遅くまでやっておりますので、その上に土日までやりますと、正直言って倒れちゃうという問題もございまして、なるべく土日はやらないという方向で、実は庁全体としては考えております」

（「全国税」03年9月25日）

長官が明言したのだし、「地獄の確定申告期」にさらに鞭打ちするはずはないと、だれしもが思っていた。それを、翌二〇〇三年に就任した長官はくつがえした。現場からは怒りの声が続出した。

「連日遅くまで超勤しているのに、日曜日まで出てこいというのか」
「現場に聞かずキャリアに何がわかる」
「こりゃコンビニ税務署だな……」

全国税の各分会は署長に休日開庁反対を申し入れた。
同年九月、全国で臨時署長会議を開催。ほとんどの署長が反対を表明している、との情報が流れてきた。相当数の署長はかなり頑張って意見を上げ抵抗した。確定申告期間の過酷さを体験し、また自分の目で見てきたからだ。

それでも長官は、九月二五日の全国税との交渉で「各局から聞いた話でも方向性としておおむね合意がある」、「どう実施するか検討している」と回答した。これでは、やることを前提に各局、署長から意見を聞いたということではないか。交渉は全面対決の様相になった。

一一月一〇日国税庁当局は翌〇四年（平成一六）二月下旬、日曜日の二回実施を伝達、マスコミ発表もおこなった。

一二月五日の交渉で全国税の追及に対し長官は「やるといっても二月の二回だけではないか」（「全国税」03年12月20日）と開き直った。

二〇〇四年二月、日曜開庁を二回実施した。各署で確定申告最終日なみの混雑となった。五署で来署者が一〇〇〇名を超えた。相模原署は二〇〇〇名超えに。職員は疲れ切った。

寄り道

来署者へ「ありがとう」

日曜開庁を強行した国税庁長官が、確定申告の視察で王子税務署にいったときの話。

「受付の統括官に『納税者が帰るときはなんてあいさつするの？　ごくろうさま？』と聞いた。統括官が『お疲れさま、と言っています』と答えると、『ありがとうございますと言えませんか』と言う。『それはちょっと違うようで…』と返すと『いいと思うがなぁ』といいながら帰ったそうです」

（「全国税」04年3月15日）

この機関紙は、職場からすぐ反応があった。

「『ご苦労さまでした』は自然に出てくるよね」
「納税に来た人に『ありがとうございました』といったら逆に反発されそうだ」
「(長官は)ある署では『収受のときなぜ職員は座っているのか』と言ったとか……長官の『顧客満足度』『カスタマーサービス』には違和感があります」(( )内筆者注。「全国税」04年4月5日)

毎日納税者と接している職員としては「ありがとう」には違和感をおぼえる。税務署と納税者の関係は、民間のサービス業と顧客の関係とはちがう。納税者は申告、納税の義務を果たすため、還付申告をするため税務署に足を運ぶ。「ありがとう」ではなく、やはり「ご苦労さま」がふさわしい。

一斉に取れない昼休み

日曜開庁の翌二〇〇五年(平成一七)、今度は昼休みに手をつけた。それまで昼休みは一斉にとっていた。最低限の窓口業務は交替でおこなっていた。

二〇〇四年(平成一六)九月、国税庁は、昼休みを何段階かに時間をずらすことで、確定申告期など昼休みが取りづらくなっていた状況を改善したいと伝達。昼休みの開始を一一時四五分から一五分刻みにし、最終は午後〇時四五分からとした。これでうまくいくのか危惧がでた。

はじめてみると、食事を取る場所、休憩を取る場所などが確保できず、くつろげなくなるという不満が続出した。

「一二時四五分から割り振られ、食堂に行くとランチがない。仕方なく別メニューで食べましたが、その後休む場所がありません……誰がこんなことを決めたんだ」

「家からお弁当を持ってきました。割り振りで昼休みになったので自席で食べようとしたら統括官から『まだ勤務時間中だろ』とお叱り……悲しくなりました」（「全国税」05年3月25日）

昼食後はキャッチボールをしたり、コーラスをしたり、生け花サークルをしたり、昼休みがみんなでくつろぐ時間であったのは、戦後間もなくから一九八〇年代まであったろう。その後も一斉に取ることでオンとオフのメリハリが取れていた。特に女性職員は休養室で会話に花を咲かせた。この貴重な時間が失われていく。

「やさしく突き放せ」

確定申告の相談方式にも手をつけた。従来、相談は職員と納税者が一対一で着座しておこなっていた。一九九六年（平成八）の確定申告から「自力作成コーナー」を設置した。狙いは、増加する還付申告者に時間がかかっても自力で作成させること、職員は納税者数名を同時に指導し効率を上げることであった。

二年後、相談会場全体を一対一方式から「自書作成」方式にした。着座の職員一名が四名の納税者と対面相談する方式とした。

ところが二〇〇五年（平成一七）の確定申告から、もっと効率を上げようと着座した約一〇名の納税者を職員一名が立って巡回指導する方式とした。

納税者から「去年まで親切に教えてくれたのに」といわれても、グッとこらえて「自分で書きましょう」といわなければならないのだ。

――「やさしく突き放せ」職場内で囁かれたこの言葉が今年の確申期を象徴しています。

（「全国税」05年4月10日）

職員は納税者数名のまわりを巡回しワンポイント指導を迫られた。電卓を持ち巡回していると「電卓もつな、計算するな、納税者に計算させろ」と統括官に指示された職員もいた。また「巡回して聞かれたことだけ答えれば良い」との指示もでた。

さらに二〇〇八年（平成二〇）の確定申告期からハイカウンターを設置し、納税者も立たせることになった。これには納税者から批判が相次いだ。

「立たせて書かせるとは何事か」と年金所得者から、税務署に抗議の電話がかかってきた。「今年は立って書かなければならないのか」という声は、受付でもよく聞かれた。

そして一対一の着座方式は廃止され、職員・納税者とも立っておこなうスタイルが強行された。

相談官希望者いなくなる？

二〇〇八年（平成二〇）、来署する納税者の質問に対面で答えていた相談官を引きあげた。

二四の税務署に三名ずつ配置していた相談官と、国税局配置の相談官を、神田と上野に新設した電話相談センターに集め、八四署全部にかかってくる電話相談を担当させた。どこの署に電話しても、1を押せば全部相談センターにつながるシステムだ。

同年一一月四日、電話相談センターを開設したとたん、相談官は息がつけないほどの電話対応に追われた。八四署の電話を一四四人の相談官などで処理しようとすること自体が無理な話だ。電話に応じ切れなかった。

一二月一〇日、全国税東京地連は局長交渉で相談センターの実態を訴えた。

「電話は『入れ食い』状態が続き、一人一日六〇～一〇〇件程度こなしている」

「センターにつながってからも五万件が待ちきれずに放棄」

「センターから署へ二万件を転送しており、納税者に不便をかけ、センター職員にも重複業務となり、負担をかけている」

「休憩をとるように指示されているが、折り返し返答するための検討時間に充てられ、休めない」

（「全国税東京」09年1月20日）

電話は空いているところに自動でつながるので、終わるとすぐ次の電話がかかる。各人別の応対件数は自動的にカウントされ、離席した時間数もわかる仕組みだ。これはつらい。相談官は休憩も取れないほどの過密な業務に苦しむことになった。

相談官はベテラン職員が就くポストだ。専門性を生かした仕事ができ、また退職後に税理士をするならここでの経験が財産となる。相談官を希望する職員はおおかった。だが、「こんな仕事をさせられるのでは希望する者はいなくなる」とおおくの相談官から声が上がった。

4　専門性ないがしろの管理運営部門

税務署にキマイラ現る

頭はライオン、胴体はヤギ、尻尾は毒蛇で口から火炎を吐く。三種の動物を結合させた怪獣キマイラ。ギリシャ神話に登場する。二〇〇九年（平成二一）七月一〇日、税務署に異質なものの結合体＝キマイラが現れた。それが管理運営部門（管運部門）である。

税務署の業務と組織は、国税の収納管理（管理部門）、滞納処分（徴収部門）と、各税目ごとの賦課部門（法人税、個人課税、資産課税）に分かれ、通常各業務は担当部門内で完結する。専門性が求められることに対応した編成である。

ところが、当局は納税者の利便性向上と内部事務効率化を目的とし、債権管理をおこなう管理部門に、水と油ほどにもちがう法人税、個人課税など各部門の内部担当の一部を合体させ、「管理運営部門」というキマイラをつくった。

この部門の職員がおこなう業務は、申告書などの収受と入力、納税者の転出入などの事務、税務相談にとどまらず、納税額の受領、納税証明書の発行、収納額の管理や還付事務まである。職員には、いままで担当してきた業務以外も一様に処理する能力が求められた。

職員は自分の担当税目以外の実務は知らないといってよい。他系統事務を経験した者は一部にとどまる。たとえば法人税の職員が、納税者から所得税、資産税の簡単な質問や提出する書類を聞かれても即答をためらう。納税者は税務職員なら税金のことはなんでも答えてくれると期待している。まちがえてはいけないのだ。

「一人税務署」になれない

二〇〇〇年（平成一二）、一二署で窓口一元化事務の試行を開始した。納税者は窓口だけで用事が足せるメリットがある。試行は何年たっても、うまくいっているとの声は聞こえてこなかった。だが当局は、試行から、新体制の「管理運営部門」に移行すると決定。試行に苦悩する現場を無視した。

一元化事務を担当している職員から、全国税に投書がきた。

「長年個人課税の仕事しか知らない私は、現金領収の方法に戸惑う、誤納の始末が分からない、法人の申告書や企業会計、印紙の質問にたじろぎ、資産の相談では質問の意図を把握するのに冷や汗（こんな職員を見ると、納税者は不安になります）」

「結局一元化といっても、その道の系統の担当者にしわ寄せが行き、誰もが一人**税務署**になりうるには、自己研鑽も含めて相当な研修期間が必要なのだと実感しました」

（太字は筆者。「全国税」06年8月25日）

窓口にでて、現金納付を受け、税務相談を受け、また申告書入力をしつつ、これらいくつもの実務を覚えるのは困難だ。職員は自分の専門性を生かせないまま、日々の業務に追われた。

現場の冷や汗、霞が関に届かず

二〇〇六年（平成一八）五月、当局は一元化の試行状況について、事務の平準化が図られ、処理時間が短縮されたなど、おおむね順調と表明。未経験の事務にオロオロし冷や汗をかいている現場の声は、一元化を企画している国税庁には届いていない。

税務署長、庁総務課長経験のある阪田雅裕元内閣法制局長官は、次のように著述している。

「国税庁で各部各課の話を聞いていると、すべてうまく行っている、何も問題がないというように思えてしまう。だけど現実は必ずしもそうではない……上部組織の嫌がるようなことを耳に入れないようにする習性がある」

「企画立案をして現場で試行してもらう。後で『どうだった？』と聞くとたいてい『うまくい

って います』という話になるのですが、本当はそうではない。そういう声は、組合交渉のような場を通じてしか上がってこない――御用組合ではない本当の組合が――とても大事」

（阪田雅裕『「法の番人」内閣法制局の矜持』大月書店、14年）

二〇〇七年（平成一九）、全国税は一元化担当職員にアンケートをおこなった。

――**一元化試行の進行状況は、**「上手くいってない」五一・二％

――**一元化窓口での一般相談は、**「切り離すべき」五九・三％

――**研修期間・方法等について、**「不足している」七九・一％

――**従事人員について、**「不足している」七〇・九％

（「全国税」07年7月25日）

あと二年で管運部門をスタートさせるというのに、問題が山積みのままだ。

アンケートの意見欄には不満、意見が集まった。

「うまく機能するわけがない。元に戻し、各系統ごとに人減らしをした方がよほど合理的である」

（「全国税」07年7月25日）

「指示を出す庁や局が現状を把握しないまま（順調であるとの報告だけを鵜呑みにして）進めている」

「他の事務系統の事務まで手が回らず、単に同じ場所でそれぞれの系統の事務をしているだけ」

（「全国税」07年8月10日）

専門以外の仕事を、習熟している職員から教わることで一元化事務を身につけていくはずなのに、そうならない。みんな忙しそうで聞きづらい。自分の経験した仕事をしているだけになってしまう。

だが、これらの声は届かず、国税庁は計画通り進めていく。

突然「管運で新人教育を」

管理運営（管運）部門に移行直前の二〇〇九年（平成二一）三月、国税庁は国専の新人を管運部門に配置すると伝達した。不意打ちである。

従来、国専の新人は各賦課の調査部門と徴収部門に配置され、そこで仕事を覚えてきた。突然これを、新設する管運部門でやれとの指示だ。だれがどうやって仕事を教えるのか。一元化事務が習熟していないのに、さらに新人教育などできない。そのキャパシティもノウハウもない。

不安なまま七月一〇日を迎えた。この日は人事異動。職員の約三割が転勤する。あわただしく職員が出入りしはじめる。転勤の混乱と同時に新しい組織＝管理運営部門が生まれた。

この日、法人税など賦課部門職員の約二割が管運部門への異動の辞令がでた。一元化事務が未経験の者も少なくない。マッサラに近い状態でこの部門にきても手のだしようがない。管運事務経験者も、こんな状況では、だれにどのように指示をだせばよいのか戸惑うばかりだ。連日終電近くまで残業になった署もでた。

同年九月、全国税は一元化対策会議をおこなった。混乱する実態が見えてきた。

「試行を数年経験したアルバイト職員（転勤がないため一元化事務に習熟してきた非常勤職員）のお陰で仕事が回っているのが実態で、初めて一元化を経験する職員は研修もなく、何も分からない状態で指示された仕事をこなしている毎日」

「窓口では、『少しお待ち下さい』と断り、課税部門でアドバイスを受けた後に対応するのが日課となっている」（（）内筆者注。「全国税」09年10月10日）

この事態にも長官は、おおむね順調に立ち上がっていると国税局長会議で訓示。このお気楽ぶりに職場からはブーイングがでた。一元化の試行に何年もかけたのに「これではゼロからのスタートだ」と批判が相次いだ。

「仕事教えてくれない」国専の新人が失望

事務が混乱する毎日で、国専の新人教育には手がまわらない。

「新人の国専七人が配属され、自分も解らない仕事が多いのに、人に仕事を教えながら、自分も新しい仕事を覚えていく。そんな超人的なことはできません」（「全国税」09年8月10日）

「『何かやることはありませんか』に対し、『アレやって、コレやって』がＯＪＴの実態、体系だった指導等は皆無に等しい」

（「全国税」09年10月10日）

大規模署の管運部門では、国専の新人に申告書の入力や郵送で届いた申告書の開封作業ばかりさせてしまうなどの事態にもなった。国専は税務の専門性を身につけたいと、この道を選んだ者がおおい。単純作業ばかりで失望し、退職する者もでてきた。

これだけ批判がでても、当局は管運部門への国専配置にこだわった。

東京地連　専科生一年目の職員の全員配置はやめること。

局長　署全体の事務の流れを理解できる部署であることから一年目の職員を配置している。

（「全国税東京」14年7月20日、局長交渉）

申告書入力などが続き「今やってる事務と他の事務とのつながり等」も教えてもらえないと不満がでていた。局長は「署全体の事務の流れを理解できる」と実態無視の回答である。

「被害者」は国専の新人

二〇二一年（令和三）、当局は国専新人の管運部門への配置を突然やめてしまった。法人と個人課税の調査部門、徴収部門に配置した。国専の配置を元に戻したのだ。

なぜやめたのか。この年、一部の署の管運部門事務を集中処理するため、東京国税局の管内に業務センターを七か所開設した。集中化された署には管運部門職員の一部を残すだけとなり、新人の教育は不可能になったのだ。二年後、業務センターを一二か所に拡大、二〇二六年（令和八）までには全署を業務センターに移行する予定だ。

国専新人の管運部門配置は失敗した。内部事務一元化で揺れ続けている管運部門へは、配置してはならなかった。国専新人はその被害者である。

漂う債権管理事務

危惧されるのは国税の収納管理をおこなう債権管理事務である。じっくり時間をかけて覚えなければならないのに、管運部門ができてからは、いくつもの事務をかけもちしながら覚えるしかなくなった。

「債権管理では従来、収納や徴定（徴収決定）で管理事務の考え方を身につけ、数年間経験した職員に、はじめて還付金事務を任せてきました。少なくとも、腰を据えて事務を覚える期間が必要であり、今のような一定期間にグルグルと事務が変わる中では、精通者は育ちません」

（一内筆者注。「全国税」10年10月10日）

債権管理事務をだれに受け継がせるのかについても、当局は迷走をはじめた。従来、債権管理事務を担う管理部門には、普通科の新人を配置させてきた。そこで数年経つと、希望者は賦課部門などへ転課させた。その職員が減っても、また普通科修了者を管理部門に配置させた。管理部門に残る者はキャリアを積み、先輩から後輩へ債権管理事務は引き継がれていった。

一九九三年（平成五）の普通科卒四六二名をみると、管理部門には九一名も配置された。

ところが、二〇〇四年（平成一六）から管理部門への新人配置がなくなる。普通科採用が減ったとはいえ異常な人事配置だ。以後管運部門ができるまでの五年間、管理部門へ新人配置はなく、債権管理事務を受け継ぐ者が途絶えた。

空白の五年間の翌年、管運部門が新設となる。今度は普通科のかわりに、突然国専を配置した。だが国専は一年で管運部門からでていく。賦課部門からきた職員も、おおくは三年で元に戻る。二〇二一年（令和三）、ふたたび管運部門の新人配置をゼロにしてしまう。

二〇〇四年（平成一六）以来、債権管理事務は漂ったままだ。

管運部門の大半を解体

前述の通り国税庁は二〇二一年（令和三）から、署の内部事務を集中処理するため、業務センターを開設しはじめた。

この方式が最適かはおくとして、当初から業務センター移行を見据えた計画が描けていたなら、粗雑な管運部門をつくり担当職員に「一人税務署」をさせ過大な負荷をかけたり、国専新人に「仕事を教えてくれない」など失望させる事態は回避できたのだ。

なぜなら、署の管運部門職員の三分の二が業務センターへ移り、そこでの業務は各事務系統ごとに分かれているからである。納税管理グループ、申告処理グループ、債権管理グループなどに分かれていて、賦課の税目でも各担当に細分化している。

業務センターの事務処理体制は、従来の事務系統ごとの体制に戻し、職員は自分の経験、専門性に基づく業務に就いた。窓口にでて納税者と応対したり、納税証明書を発行したり、税務相談を受けるなど「一人税務署」をやらなくてもよくなった。業務センターに移行するなら、最初からここを着地点に定めておけばよかったのだ。

業務センター「とりあえず謝罪だね」

開設した業務センターは上手くいってない。債権管理事務で手間のかかる処理、入力エラー分の解明が後回しとなっていた。さらに業務センターの対象署を拡大したことで事務処理に深刻な遅滞がではじめた。

地連（エラー処理は）担当者なり統括官が個別に管理し納税者への連絡を含め、手厚く処理することで、苦情を防いでいた。「業務センターに事務を集中して効率的に」というやり方の弱点がもろに出ている。結果、対象署では「とりあえず謝罪だね」という状態に追い込まれている。

局長　問題は認識している……どう解決するか考えていく。

地連　東京上野署（の業務センター）は最初プロパーも配置され上手くいっていたが、対象署が増えるにつれ大変な状況に追い込まれた。対象署数が少ない他のセンターでも、確定申告期に局から一〇人〜二〇人の応援が入った。もう危惧しかない。

（（ ）内筆者注。「全国税東京」22年7月6日、局長交渉）

二〇二三年（令和五）になっても改善しない。「返信用封筒を入れて申告書を郵送したのに、いつになったら控えをよこすのか」と、税理士からの苦情の電話が業務センターに入る。職員は平謝りだ。

二〇〇九年（平成二一）、異質の事務を合体させてつくり上げたキマイラ＝管理運営部門は、その一三年後に大半の解体がはじまった。その業務を引き継ぎ集中処理をはじめた業務センターは悶えている。

5　あらたな人事評価制度

評価が給与に直結

二〇〇一年（平成一三）一月、省庁再編がおこなわれ、大蔵省は財務省に名称変更された。これは公務リストラ第一弾、組織の再編である。同年六月、公務リストラ第二弾「公務員制度改革の基本設計」が政府から発表された。これは人間のリストラである。

この日、NHK夜のニュースで、石原伸晃規制改革担当大臣は、「やらないと、この国が倒れるんじゃないですか。公務員にそういう意識を持ってもらう」とコメントした。

二〇〇九年（平成二一）、成績主義に傾いた人事評価制度が導入された。能力評価と業績評価をおこなうが、注目点は業績評価である。職員は四半期ごとに三項目の個人業務目標をたてる。期末になると自己評価を記入して管理職にだす。管理職は最高評価のSから最低のDまで五段階評価し、その後署長が最終評価決定する。

評価がCでは定期昇給すらしない。さらに「定期昇給」、「特別昇給」に階段をつけ細分化した。だれがどの階段に昇給したのかわからない。以前は、だれかに特昇がでると、周りの職員から「昼飯おごれよ」などと軽口をいわれたりもしたが、そんな光景は見かけなくなる。

昇格は、評価がA以上でないとおこなわれない。旧制度にはこの条件はなく、C評価でも特官へ発令された（第六章5）。これからは、そうはいかない。

息苦しくさせる評価制度に、職場では「仕事をするからミスがでる。しなければミスはない。ミスがなければ評価が上がる」とヤケ気味につぶやかれた。申告書が見あたらず、問題を隠したまま転勤する者もいた。これもミスがないことになる。

「秘密裏に一人で探し続け、発見できないまま異動で栄転した管理職もいた」
（「全国税」06年11月10日）

評価Aでも安心できず

新評価制度導入の四年後、総務省は一般職の約三万人を抽出し評価ランク割合を調査、その結果を二〇一四年（平成二六）二月公表した。Sは約六%、Aは約五三%、Bは約四〇%、Cは〇・五%、Dは〇・一%であった。

職員としてはA評価以上でも安心できない。六割弱もいるのだ。自分は六割のなかのどのあたりかは不明だ。ここはスタートラインで、これからが勝負なのだと思わせる。

当初、新評価制度は合理的に評価する仕組みだと期待する者もいたが、達成したと思っても順位がつくわけでもなく、どれだけ評価されているのか確信が持てないまま仕事を続けることになる。

6　とまらない危機管理

永年勤続表彰が変貌

二〇〇八年（平成二〇）、永年勤続表彰がくつがえった。コトの起こりは、「居酒屋タクシー」

問題だった。中央省庁の公務員が深夜帰宅時に公費でタクシーを使用する際、車内で運転手からビールやつまみを提供されていて税金で飲み食いしていると追及された。金券を受け取る者もいて処分者がでた。自民党は「無駄遣い撲滅プロジェクトチーム」を立ち上げ政府に撲滅策を提言した。

祝賀会は廃止、配偶者の同席も廃止に。表彰を受ける職員は長官等の祝辞を聞き記念撮影をするだけ。場所も例年新高輪プリンスホテルだったが、翌年は文京シビックホールに。なんとも素っ気ないものになってしまった。勤続二〇年で造幣局作成の銅杯、二五年で金銀杯を授与していたが、これを廃止し共済組合が旅行券をだすことに変更した。

かつては和服姿の女性参加者もかなり見かけた。メインは祝賀会だった。酒を飲み料理を食べながら、互いの勤続を祝いあった。これが、自分の年休を使い式典と記念撮影に参加するだけになってしまった。

当局は永年勤続の職員に心から感謝しているのだろうか、その気持ちが伝わってこない。

マスキング　笑い話のはずが

二〇〇二年（平成一四）九月、全国税は長官交渉で、「大阪局では出張の際持ち出す資料せん（納税者の取引などの情報）は、紛失しても情報がもれないよう収集先を黒マジックで塗りつぶさせている。どうやって調査するのだ」と追及。交渉に同席していた官房職員は、この話に苦笑いした。

資料せんを塗りつぶす大阪方式は他局に広がらなかった。だれが考えても笑い話としか思えない手法だった。

だが、この笑い話が忘れられていた二〇一一年(平成二三)、各局で塗りつぶし指示がだされた。調査資料の亡失等が相次いだため踏み切ったのだ。

こんな事態も起こってしまった。

「調査で、事前連絡のうえ納税者宅へ赴きチャイムを何遍も押したが応答がない。電話連絡をしようと調査ファイルを取り出し、唖然となった。マスキングのため電話番号が分からない」

(「全国税」11年10月10日)

紛失した行政文書の捜索では、休日に管理職を動員して庁舎に入り文書捜索をした署や、超勤で紛失書類を探させ、午後九時に上席以下を帰宅させたあと、局員と統括官で職員の机を開け捜索させた署もでてきた。

所得税申告書を多数紛失した王子署では、職員同士の相互監視までおこなわれた。

「所得税申告書の『紛失』が報道された王子署では、再発防止策としてか今も帰り際に職員同士がお互いにかばんの中をチェックしあっているとか。『任意』ということですが、それにして

も当局の『指示』によるもの。ホントにここまでやっていいの？」（「全国税」10年10月10日）

調査資料をなくせばマスキング。申告書をなくせば捜索。ミスした職員は自己責任が問われる。ある職員は怒った。「ミスしないためには申告書に触らない、調査にでない。これしかなくなる」。

休職者増加

東京国税局は毎年『職員録』を作成し、職員に配布する。『職員録』の最後に休職者欄がある。労働組合専従者も含まれるが、大半は病気休職だ。メンタルを病み長期になる場合がおおい。

病気休職者数は二〇〇〇年（平成一二）までは一〇名程度と推測できる。その後増加を続け、一〇年後の二〇一〇年（平成二二）年では休職者総数が三一名となる。

その翌年は六六名と倍増した。この年病気休暇に九〇日制限ができたため、限度を超えると当局は休職発令をすることになった。その休職が三年を超えると分限免職を発令することが法令上は可能になった。

これらの問題は、従来社会的にもあまり認知されてこなかった。いっしょに仕事をしていて、外見からはわかりづらい場合が確実に増えている。

ランニングが趣味だといっていた元気な職員が出勤できなくなる。調査初日の朝、出勤できなくなる。急に体がつらくなり起きることもできない。電車にも乗れなくなる。

調査部門では、新人を三年で育成していたが、いまは一年で「詰め込み教育」をする。とにかく経験、習得させようと、統括官が、新人個々の調査や会話技術の習得度、また心情を十分考慮しないままやらせると、これが引き金になる場合もある。新人にとっては、税理士に電話をかけるだけでも重い負荷となる。相手が納得していない場合の説得や、調査が不十分な場合の追加の調査を一人でさせることもある。当然反論、拒否が予想される場面だ。これらが重くのしかかり、出勤ができなくなる者もでてくる。

当局も、休職に入った職員の回復状態をみながら「お試し出勤」をさせ、徐々に回復させるなどの手立てをとっているが、積極的とはいえない。発症した原因は仕事のあり方と、させ方にもあるのではないのか。当局はそこに踏み込まない。

三年で分限免職の規定ができてから、当局は淡々と対応しているようにしか見えない。

7 〝モチベ〟上げ、一年中調査を

ベテラン上席「件数こなすだけ」

二〇〇六年（平成一八）、当局は「署一般調査部門の空洞化現象」が進んでいると危惧し、監督評価官室に「調査事務の現状と課題」の検討を依頼した。

この報告での注目点はベテラン上席に対する分析である。上席の数は右肩上がりに増加していた。統括官以上のポストが空かなくなったためだ。この年は、ほぼ全部門に上席が二名配置されている。なかには三名上席の部門も。ベテラン上席が手を抜かずに調査しているか、当局は着目した。この報告を機関紙「全国税」では次のように伝えた。

「『ベテラン上席の一部にはマンネリ化して漫然と調査するなどモチベーションが著しく低下している』、『進捗を考え、与えられた件数をこなすだけ』の者が見受けられ、『面倒なことを敬遠するといった傾向が見受けられる』と指摘」（「全国税」06年10月10日）

この報告書全体を読むと、ベテラン上席は、修・更正割合（調査の結果、修正申告または更正処分をする割合）は高いものの、増差所得が少額で、指摘した科目が一項目だけで調査を終える傾向にあるととらえられる。修正事項が一つでただけで調査を終わらせるな、もっと調べよ、取引先や銀行口座を調べるなど、深度ある調査をおこなえ、と尻をたたいている。

ベテラン上席がこの報告を見るなら、こう怒るであろう。

「以前なら上席を数年やると統括になれていた。いまはポストが空かないから上にいけない。モチベーションが低下したというなら原因はそこにある」

働き盛りの中堅が少なく、ベテラン上席と新人が目立つ部門に、調査件数こなせ、増差も不正もと上から叱咤が飛ぶ。さらに上席は〝モチベ〟を上げよと指示しても、それをこなす体力が部門にはない。

「だれが調査にいくのかは……」税理士怒る

二〇一四年（平成二六）、局法人課税課は一年中すき間なく調査をさせようと手だてをとった。六月下旬に、七月着手分の調査通知をおこなえと指示をだした。

従来の流れはこうだ。職員は七月一〇日に異動辞令を手に、あらたな署に赴任する。数日後統括官から数件の調査指令を受ける。七月中旬、税理士に調査通知の電話をする。七月中に調査が入らない場合もある。

当局はこの「ゆるやかな」期間を排除し、すぐ着手させようとした。現場は強い違和感を覚えた。毎年七月の定期異動では約三割が配置換えとなる。全員が動く部門もある。六月の段階では調査担当者を告知できない。

「だれが調査にいくのかは、人事異動後にお知らせします」と、申し訳なさそうに調査の通知をする。OB税理士の何人もが意見した。

「だれが調査に来るのかいえないのに調査連絡をよこすな」

署の幹部に直接抗議する税理士も現れた。

現場の困惑を無視し、一月の調査着手も前年の一二月に通知せよと指示がだされた。これには、とりわけ企業の社長がきらった。一二月に調査通知を受けると、楽しいはずの年末と正月がきても喜べない。このため従来は、一二月に調査通知しないことを当然のこととしていた。税理士、社長にきらわれても、この指示は徹底されていく。調査担当者は、仕事の緩急がなくなってくる。ここで一息入れていたのに――緩が減り、急ばかりの一年になっていく。

8　国税通則法改正、調査手続き明確化

お経をとなえるように調査通知

国税通則法が改正され、二〇一三年（平成二五）一月施行された。改正の「目玉」は、調査の連絡から終了まで手続きの透明性を図ること。かつては、調査をして指摘事項がないと修・更正割合が下がるので「調査をしなかった」ことにする場合もあった。

「非違率が下がっているらしい。そこで『是認』をカウントしないで、また事案を渡す幹部がいるというニュースが他署から入った。当署ではそんなこと『ナイ』と信じたい」

（「全国税」２０００年２月５日）

これからは許されない。

納税者への調査連絡は、通知事項が細かく法令で定められた。法人税調査担当者が税理士に電

話をして「調査する税目は、まず法人税と消費税及び地方消費税と源泉税で、調査対象期間は平成二一年四月一日から……」と説明をはじめると、「わかった、三期分だろ。聞いたことにしとくから全部いわなくていいよ」などと嫌がられる。調査担当者はマニュアルに沿って、お経をとなえるように同じ文言を繰り返さなければならない。これを聞かされる方はうんざりしてくる。

調査をおこない修正事項がでると、課税処分に必要な証拠資料を集めなければならない。ここが厳格になった。修正申告に応じないなら税務署が更正処分をする、その前提で証拠をそろえることが求められた。

従来は、証拠収集はここまで意識しなかった。臨場調査の終わりに指摘事項を説明し、修正申告を求め、税理士、社長が「わかりました」といえば調査結果はほぼ確定である。

だが、そうはいかなくなった。指摘事項の法令上の根拠を考え、必要な証拠はどれかを考え、もれなく証拠を集めなくてはならない。調査担当者にはあらたな負荷がかかる。

必死で問い、答え、問い、答え……

重加算税の賦課が必要になったときは、さらにオオゴトである。代表者などから必ず「質問応答記録」を取ることになった。問い、答え、問い、答え……この形式で文書を作成する。誤字、脱字、「てにをは」の誤りも許されない。調査先で書面をつくるときは忙しい。質問、回答を必死にメモを取りながら繰り返す。それから清書し、文面を確認してもらい署名捺印をもらう。清書するだけで一時間くらいはかかる。これを通常一人の担当者がおこなう。代表者や税理士は出来上がるのを待っている。トゲトゲした空気を感じながら、あせって清書をつくる。

後日調査結果をまとめ決議を上げると、審理担当から「重加算税の根拠となる文言が足りない」などと突き返される。「質問応答記録」の補充が必要になる。誤字、脱字も訂正印をもらう。税理士などに、お詫びとお願いの電話をする。

さらに課税処分の法令上の根拠と、事実関係を記述する「争点整理表」も必要だ。担当者としては、税理士、社長も修正申告しますといって争点はないのに、なんで面倒くさい書類がいるのかと納得がいかない。

これ以外にも作成書類が増え、決議に時間とエネルギーを大量投下することになる。決議は審理担当が慎重かつ詳細に検討する。ここで決議が滞留する。審理担当が休日出勤する事態にもなったが滞留は減らない。半月ほどたつとフセンがたくさんついて担当者に戻される。その後、このキャッチボールを繰り返し、やっと通過する。

夏に調査に着手し、終了が年末になることもザラになった。税理士からは「修正申告をだすといってるんだから早くして」と電話が入ることも多々ある。

当局は、改正一年目の調査件数は減らした。だが翌年、決議に慣れ時間が短縮したとして件数を戻した。調査の現場は悶えた。手続きが透明化したのはよいが、以前よりも過密な業務を強いられることになった。

9　超勤手当不払い許さない

不払い認め支給、新聞でも報道

二〇一三年（平成二五）九月、「税務署、残業代不払い一六〇万円」の見出しの記事が「朝日新聞」に載った。

「残業手当一六〇万円を支払っていなかったことが分かった。管理職が予算がないと思い込み、残業記録を抹消するなどしていたという」

「全国税労働組合が五月、団体交渉で、『税務署をブラック官庁にするな』などと実態解明を求めていた」

（「朝日新聞」13年9月21日）

この件で全国税東京地連は書記長談話を発表した。

「（五月三〇日の局長交渉で）芝署管理運営部門職員に、三・四月の超勤手当を大幅に支払わない事実をあげ、ただちに支払うよう厳しく追及しました」、「この『事件』は、国税庁、財務省をも巻き込み、大きな問題となりましたが、ようやく九月一七日に職員に二枚の給与明細書と二回

に分けた振り込みで一応の決着をみました」（（）内筆者注。「全国税東京」13年10月15日）

三月分の超勤手当は会計年度をすぎていたため、財務大臣決裁が必要となる「事件」となった。危機管理が叫ばれて一〇年以上もたつのに「残業記録を抹消する」事態が起きていた。

超勤時間、把握できているのか

税務署では夜何時頃まで職員が残っているのか。税務署には警備保障会社が入っているので、扉にカギをかけると、その時刻が記録される。全国税東京地連は開示請求で記録を入手し、「全国税東京」（15年5月27日）で報道した。どの部門で何人残業したかはわからないが、大方の察しはつく。

二〇一四年（平成二六）一〇月からの三か月間を見ると、ワースト一位の署では、午後一〇時以降に閉めた日は三一日もあった。その大半が午後一一時台、終電間際だ。ワースト一〇位の署でも一五日あった。

確定申告期の状況も調べ、「全国税東京」（15年12月1日）で報道した。翌年の一月から四月で午後一〇時以降に閉めた日数では、ワースト一位の署は三九日、ワースト一〇位の署は二〇日。ワースト一〇位内に確定申告件数のおおい七署が入った。いずれも前回はランク外だった。これらの署では年明けから四か月間ほぼ毎日残業状態だ。申告相談で立ち仕事を強いられ、午後五時になると、ヘトヘトの状態で残業になだれ込む。これを繰り返す。「地獄の確定申告期」と呼んでいる事態だ。

10　パワハラで署長を「処分」

年末に署長が異動

二〇一八年（平成三〇）一二月二八日、ある税務署長が部下の少ないポストに異動した。定期異動を待たず署長が動くのは異例である。

この一か月前、東京地連は局長交渉で、最近もいくつかパワハラが起きているとし、根絶のための対策を求めた。そのあと署長の人事異動があった。パワハラをした署長への「処分」と職員は受けとめた。

翌一九年（平成三一）二月の交渉で、このパワハラを取り上げた。

委員長　（署長の異動）発令後、事情を知る少なくない職員はもとより、事情を知らない職員からも私たちに数多くの問い合わせがあり、職員からは一様に「評価する」声が寄せられた……同時に、「○○署の署長はどうなのか?」……などの声が寄せられたことも事実として申し上げたい。

（　）内筆者注。「全国税東京」19年3月28日）

署長を異動「処分」したことを評価はしたが、パワハラはもっとあるのだ。交渉では、そのうちのひとつ「Y署長」のパワハラを取り上げた。

委員長　(前署長との事務引継ぎで) 急に異動前に引き継がないのはどういうことか等々を言いだし、まだ部下でもない職員に当たり散らした……さらに、前総務係長が署長に叱責され、「今日も泣いていた」という状態を多くの職員が承知している。

(( )内筆者注。「全国税東京」19年3月28日)

さかのぼること一〇年前の二〇〇九年(平成二一)、減点主義に傾いたともいえる人事評価制度を導入した。セクハラ、パワハラをした者は評価を下げるはずだが、これをあざ笑うかのように署長などによるパワハラが顕在化する。

パワハラのおおくは、署長に就いて突然はじめるわけではない。以前からやっているのに当局は署長に発令してしまう。人事評価制度は機能していない。目にある場合の「処分」では根本策にならない。パワハラを的確に把握し、おこなった者を幹部に登用しない、その意思があるのか、当局は問われている。

11　税大の研修で体育など廃止、縮小

行事などに時間割いていたのに

二〇〇九年（平成二一）、税大普通科研修で、一九六二年（昭和三七）以来の改革がおこなわれた。この年、班別活動、教養講話、体育、行事などの時間を縮小した。さらに四年後、体育を廃止し専門科目の習得や実地研修にあてた。同時に本科と専科でも体育を廃止し国際課税などの専門科目にあてた（「国税庁70年史」国税庁、２０２０年）。普通科の時間配分は、体育ゼロ、行事その他三六時間にまで縮小した。

一九六八年（昭和四三）では、普通科の体育は七二時間あり、研修旅行二四時間、見学三六時間、運動会等一二時間など行事その他は一八九時間もあった。女子採用がはじまった一九八二年（昭和五七）には、厳しい全寮制研修になじめるよう考慮したと思われるが、行事その他を三二三時間にまで増やした。

署の現場からは「申告書ぐらいかけるように」など実務重視の声がでていたが、当局は頑として時間配分を変えなかった。

「一線にでた直後は、どうも、すぐに役立たないという批判がでてくるのですが、全体の教育

体系を理解してもらってないために、いろいろ批判もあるようです」

（「局報」67年4月10日、東京研修所主任教育官の発言）

当局がこれだけ重視していた体育や行事その他の時間を廃止、縮小するのは研修方針の大きな変更だ。

チームプレー、友情、ガッツ

かつて当局が重視していた体育や様々な行事は、矛盾をはらみながらも研修生にもたらした影響は少なくなかった。体育の授業だけでなく、春季と秋季に班別対抗スウェーデンリレーなど班別に競い合う種目を取り入れた体育大会をはじめる。また文化祭もおこなわれ、班ごとに企画し練習をして舞台に上がる。力を合わせ、様々な取り組みを一年を通し経験することで、研修生は強く一体感を共有することとなった。

一九六七年（昭和四二）から、となりの研修所との合同競技大会も順次はじめられ、一九八〇年（昭和五五）には遠距離である札幌・仙台両研修所間でも、太平洋をフェリーで行き来して開始された。この第一回合同競技会に参加した研修生の言葉として「チームプレー、友情、ガッツ、努力……これから税務職員として必要なさまざまなものを吸収した」（前掲『税大教育50年のあゆみ』）と記された。

当局は合同競技大会が研修生にもたらす価値を評価し、費用のかかる札幌・仙台間でも開催にこぎつけた。

一九八八年（昭和六三）年卒業の研修生は、思い出はと聞かれ、体育祭、赤城青年の家、盆踊りなどの課外授業と答えている（第三章2）。盆踊り大会は、女子採用がはじまった年から学友会行事として開催された。

「毎年卒業アルバムに載るほどの人気のある行事で、女子研修生があでやかな浴衣に着替え、全員が顔中笑みを浮かべて、時間を忘れて踊っている」（『税大教育50年のあゆみ』）

東京研修所の体育祭では、騎馬戦もおこなわれている。女子研修生は熱い声援を送ったのであろう。

これら行事等になじめず違和感を持つ者も当然いて、また寮ではプライバシー無視の人的管理に強く反発し、抗議運動も起きたが、それでも寮での生活、研修旅行や体育祭などでの共有体験を重ねていったことがずっと記憶に残る。税務職員として仕事をし、歩み続けていく、その支えにもなっていた。

専門科目重視に

二〇〇九年（平成二一）に行事などを大幅に削ったあと、普通科研修方針はどう変更されたのか。二〇二〇年（令和二）、財務省の広報誌「ファイナンス」（令和二年一月号）に、税務大学校長による「国税組織における研修の現状と今後の展望」が載った。税大における研修の趣旨について、普通科、本科、専科をまとめて「若手職員が税務職員として習得すべき基礎的知識や担当する事務系統……の各税法等についての専門知識・技能を学ぶ研修」と規定している。

かつて普通科研修の重要な柱とした「人間形成」などの文言は見あたらない。数十年来、体育や行事で研修生同士の一体感をつくってきた時間をほとんど削減し、専門知識・技能の習得にあてた。

これでオーソドックスな研修になったといえるのだが、この変更が従来の仕事のあり方と職員同士の関係性などへ、複雑な影響を与えることは確かであろう。

崩れはじめる足元

二一世紀にさしかかるや否や、寮、宿舎の大量廃止、平日レクなど廃止、身だしなみまで危機管理せよといわれ、さらに日曜日の申告相談、そして「一人税務署」、個人目標を設定する人事評価と、大波がたたみかけてきた。加えて、研修では体育や行事をほぼなくし、一体感を共有できる経験は減ってきた。

安定した地盤に立って仕事をし生活しているつもりだったのに、知らぬ間に足元が崩れはじめ

る。どうしてこうなったのか、この先どうなるのか、疑問と不安を抱えながらの仕事となってい
く。

寄り道

税務職員の五七五

小野義夫さんは東京国税局管内の各税務署で勤務を続け、二〇一四年（平成二六）に定年を迎えた。この間、味わいのある川柳をつくり続けてきた。このなかから、税務職員の思いに寄り添った作品を紹介する。二〇〇〇年（平成一二）以降、税務署の仕事が息苦しくなりはじめた、その頃の気持ちがにじんでいる。

配置換《はいちが》え心の行き場書いてない
良いことが一つも無いね新世紀
パソコンにやさしさソフト入れてくれ
「危機管理」責任回避と訳したり
捏造《ねつぞう》を繁殖させる成果主義
同期生互いのページめくり合い

（小野義夫『ひろい集めて五七五』文芸社、07年）

第八章　税務職員人生の道のり

1　境遇の共通性

地方出身、宿舎生活

前章までは、戦後混乱期からの税務職員が、時には笑い、そして怒りや苦悩も感じつつ、仕事と生活に汗を流すありさまをたどってきた。本章では、税務職員の昇進の道のり、または転職へ、さらに女性職員がどのように歩んできたかに着目し、たどってゆく。

まず、税務職員の境遇の共通性についてふれる必要があるだろう。所得階層の高い家庭に育った者は少ない。そして大半は地方出身である。毎年東京国税局が発行する『職員録』には、氏名のあとに出身地が記載されていた（平成一三年版まで）。だれがどこの出身か職員の関心は高い。署内では出身地ごとに集まり、北海道出身なら「ドサンコ会」などと称し、田舎の話題を肴に飲食し歓談することがおおかった。

東京研修所普通科の出身地をみると、一九七〇年（昭和四五）採用では、東京圏は二割だけ。八割が地方出身である。内訳は東北四六％、九州一七％、北海道九％、北陸六％。研修の終了後に他局から二〇〇名以上の同期が東京局に転入してきたので、東京圏出身割合は約一割であろう。国専採用者は、普通科より東京圏がおおいと思われる。

その後東京圏出身は増える傾向で、一九九三年（平成五）東京研修所採用では、東京圏は約四〇％に増加している。

一年間、全寮制の研修生活のあと、ほとんどが独身寮に入る。うち何割かが夜間大学へ通う。結婚が決まると、おおくが家族宿舎に入る。

職場結婚の割合は一九八二年（昭和五七）では八％だが、一〇年後は二一％と上昇する（第三章2）。その後も上昇し三割台に上がっている。普通科、国専で女子採用がはじまり、長い研修期間が異性との交流機会を密にもたらす。これらの研修が図らずも職場結婚、共働き増加に貢献している。

寄り道

ウッドのボロ

かつて二〇代で結婚が決まり家族宿舎を申請すると、俸給表の等級が低いため、木造二間程度の宿舎に入ることがおおかった。二階建ての四軒長屋もあり、一階が三畳間と台所、トイレ、風呂。

二階が六畳間であった。安普請のため、となりの声がけっこう聞こえたり、木造の窓枠が変形しガラスが外れたり、外壁と柱の境目に隙間ができて、そこから朝日が差し込んだりした。当局はこれをW－b規格と称した。だが仲間うちでは「ウッドのボロ」と悪口で呼んでいた。

「税務署に入った息子が、今度は結婚し宿舎に入った」と喜んで母親が上京してみると、田舎でも見かけない木造の四軒長屋で、かなりガタついている。思わず落涙したとの話もある。

宿舎には狭いが庭もあり、野菜をつくる家庭はけっこうあった。木造宿舎は一九八〇年代以降に鉄筋に建て替えられていく。職員や家族同士の交流もおおく、面白みのある一時代の生活ぶりであった。

2　低い普通科の離職率

過半数が定年まで在職

税務職員の離職率は、時代によってかなり変動している。一九五〇年代の採用者の離職率は高かった。一九五二年（昭和二七）採用の普通科一二期（東京研修所）が五三歳時（一九八七年）の離職率は六四％である。退職者の三分の二も税理士になっている。一九九〇年代あたりまでは、調査で立ち会う税理士の大半がOBであった。「あなたの署長は私と同期だよ」などといわれたりする。税理士に転職しても事業が成り立ちやすかった時代といえよう。

ところが、一九六九年（昭和四四）採用の普通科二九期を比較してみると、離職率は明らかに低下している。東京研修所に入った二九期の、離職の推移をたどってみる。

研修中の離職者は三五六名中一一名。三三歳時の離職率は一二％、四三歳では一五％、五三歳では二二％、定年時では三五％である。同期の約六五％が税務署で定年を迎えた（鈴木俊雄税理士作成『税務大学校普通科第二九期名簿』２０１０年）。

一九六二年（昭和三七）以来、「人間形成」の教育方針が離職率低下に影響したと考えられる。辞めないで働き続けようと励まし合うわけではないが、同期の大半が最後までいっしょにきた、という一体感を味わう。

国専採用者の離職率はどうか。一九七一年（昭和四六）採用の一期生の動向（概数）をみると、四年後の離職率は一五％、四五歳では四五％で、普通科と比べかなり高い。

国専は、転職を念頭に入れている者がおおいので当然の結果ともいえるが、一九七一年（昭和四六）、国専を初めて採用した当時は、積極的に受け入れる職場環境ではなかった。それも離職率に影響したと思われる。

採用がおおかった国専一九期をみると、五三歳時の離職率は約六割とみられる。一九期はバブル期の採用である。内定をもらった企業、また採用されなかった企業から、数年後に誘いを受けたなどの話が聞こえてきた時期で、企業への転職がかなりでたと思われる。

3 「みんな署長」にはなれない

統括官の条件

ここからは、事務官として採用されたあと、調査・徴収官へ、上席へ、統括官へ、そして副署長、署長へとつらなる昇進の道のりをたどっていく。

上席までは遅くとも二〇年でたどり着く。この先、統括官などへの昇任はハードルが格段に上がる。管理職のポストとなるからだ。

昇任するために、仕事の評価以外の方法を駆使する話も過去には聞こえてきた。

「知人の上席さんが『○○ちゃんも局員接待に少しでもお金を使えば、直ぐに統括になれるのに』と統括官に言われたと言う。『そんなことまでしてなりたくない』これまでどおりのスタンスでいた……今年もまた統括官とならず」（「全国税」99年9月15日）

署長も職員の人事を叶えるため画策する。

「ある署長は団体交渉の席上で、『つけ届けはやりたくないが——（局へ）頼むときのことを考えれば、やめる訳にはいかない』といった」（「全国税」87年11月15日）

統括官の条件はあるのか、当局は公表していないが、人事院には回答している。

「年功にとらわれることなく、将来性の豊かな管理能力に秀でた職員を選抜しておこなうこととされており、具体的には、企画力、指導力、管理能力、調整能力、協調性等を重点評価要素として……」（94年12月21日、全国税が差別人事是正を求めた行政措置要求に対する人事院の判定文）

統括官の「条件」を見た者たちは思わず笑ってしまった。「この条件に当てはまる統括官はいるのか」「こんなスーパー統括官なんていないない」。

普通科は四〇歳で統括官などへの昇任がはじまる。国専は一年早くはじまる。だが、昇任を目指して勤務に励んでも、すんなり昇任しない場合がある。時として人事評価以外の要素に左右される。統括官以上のポストの数は決まっているので、その年の退職者の増減で「運命」が分かれる。

東京国税局では一九八九年（平成元）の退職者が、前年より一一七名増の三七五名と最もおおくなった。この年あたりに昇任時期を迎えた普通科二七期、二八期は、第二選抜までで同期の約三分の二も昇任した。総括上席を経ずに、一般の上席から昇任する者がかなりでた。この時期に昇任した統括官を、口悪く「バブル統括」などという者もいた。

その後退職者は減る一方で、一九九七年（平成九）は六八名にまで減少、ポストは空かなくなった。この頃昇任時期となる普通科三三期は、第二選抜までで一六％しか昇任しなかった。

当局は昇任の年齢を五〇代後半まで延ばしたが、五〇歳をすぎると同期から複数名でるかどうかに狭まる。定年まであきらめずに頑張るのはきつい。

「アツガミ」副署長へ

五〇歳手前で、国税庁長官が発令する副署長などの指定官職に就きはじめる。辞令は、一般の辞令より紙が厚いので「アツガミ」と呼ばれている。

統括官などへ昇任する時点で第六選抜までに入らないと、その後の指定官職には、まずたどりつかない。局員は、この人事の険しい道のりを、常に意識していることが少なくない。署から局へ配置換えとなった若い女性職員は「局は仕事のことで一生懸命なのかと思ったのに、聞こえてくる話は自分の人事のことばかり」と驚いた。

指定官職に就くか否かは、退職後のあり方に大きくかかわる。当局は指定官職の者が「勇退」する場合、税理士の顧問あっせんをしてきた。だから、指定官職に就くまではがむしゃらに頑張る。「アツガミ」はそれだけの価値がある。いや、正確には二〇〇九年（平成二一）までは価値があった。

二〇一〇年の「事件」

指定官職に就いている者は、定年の九か月前に「勇退」し、当局から税理士の顧問あっせんを受けた。顧問あっせんの政府見解は次の通り。

「職員の在職中の職務の適正な執行を確保する等の観点から、必要に応じて行っているものであり、民間の需要に対する的確な対応等の面でも有益であるので、今後とも必要であると考えている」（02年12月6日、長妻昭衆議院議員への内閣総理大臣答弁書）

この答弁書から七年後、あっせんを突然取りやめる「事件」が起きた。二〇〇九年（平成二一）、国専三期、普通科一九期の指定官職は最後の年を迎えた。年末までに局に呼ばれ、勇退する者には顧問あっせんするといわれた。該当者は胸をなで下ろした。顧問あっせんがなくなるうわさは毎年のようにでていたからだ。二〇〇二年のOB税理士脱税事件のあと、世間の批判は強まっていた。

ところが年が明けた二〇一〇年（平成二二）早々、ふたたび局に呼ばれ、あっせん取りやめを告げられた。まさに寝耳に水である。今年もあっせんしますといわれ安堵したばかりなのに。

同時に、従来三月末の定年を七月九日まで延長することも告げられた。定年延長について、国税庁長官は「所得税の確定申告があるため国税庁は七月から六月を事務年度としており、この中で組織を円滑に回すために勤務延長を考えた」（「全国税」10年6月10日、長官交渉）と全国税に回答した。

なんのために頑張ってきたのか

顧問あっせん取りやめは衝撃であった。ここまでなんのために頑張ってきたのか、というやり切れない思いと、急に退職後の予定が狂ってしまう困惑である。「アツガミ」になった時点で、退職後の安定した税理士の道を手にする。それが現役最後の年に、しかもいったんはオーケーといわれたそのあと、どんでん返しをくらった。

この年、普通科二九期（東京研修所卒）で指定官職に就いていた者は六三名である。希望すれば税理士顧問あっせんを受けられるはずであった。

この「事件」のあと、再任用のポストが拡大された。再任用制度ができた当初は、署の上席、調査・徴収官で再任用された。だが、署長や副署長を務めていた者が、署の上席などで働くのはお互いにやりづらい。その後当局は、再任用ポストを国税局に拡大した。指定官職に就いた者は再任用しやすくなった。

定年延長により一年で明け渡すはずのポストを二年続けたため、二〇一〇年（平成二二）七月の人事は大きく滞留した。統括官など昇任数は、東京局では四一％減となった。札幌局は五九％減、名古屋局は五六％減にまで影響がでた（「全国税」10年7月25日）。

これで指定官職の価値は下がった。顧問税理士あっせんは、なくなってはいないとの情報もあるが、いずれにしても職員のモチベーションを下げ、当局の求心力が低下したことにちがいはない。

一割が署長でゴール

当局は、現役最後の年を署長で終えさせる。この処遇は一貫していて、新しい人事評価制度に変更したあとも揺るがない。

かつて「みんな退職のときには署長になれるぞ」といわれたりもした。だが、東京局に税務署は八四しかないのに、普通科は同期の六割もが定年まで在職する。署長にたどり着くのは困難だ。

定年時にはどのようなポストで終えるのか。二〇〇九年（平成二一）にゴールを迎えた普通科二九期（東京研修所卒）をみると、局長二名、署長三六名で、約一割が署長以上に就いた。その一〇年後の普通科三九期（東京研修所以外も含む数）をみると三五名が署長で終えている。

国専はどうか。年齢では普通科四二期と同じである国専一六期をみてみる。国専は採用時の年齢にかなりばらつきがあるため、定年の五年前から署長に就いた数でみると、約一〇%が署長で終えたとみられる。

一九八〇年（昭和五五）、普通科三九期の卒業時アンケートでは、三八%が「署長等」まで進みたいと答えている（第三章2）。だが署長で終える者は約一〇％である。当初の希望と、そこから四〇年たった時点の現実にはかなりの乖離がある。

東京以外の局ではどうか。規模の小さな金沢国税局には税務署が一五ある。同期が少ないため、おおくが税務署長に就いていた。国税局によって、ポストの数と該当職員数にかなりばらつきがでる。

このアンバランス是正のためと思われるが、国税庁は東京局の職員を他局の税務署長などへ出向させている。他局の署長出向がはじまった一九九三年（平成五）は七名。その後増加させ二〇二三年（令和五）は五二名に増加、広島局と仙台局へは、それぞれ九名も署長で出向させている。これらの局では署長の二割弱が東京局からの出向だ。該当局の職員は心おだやかではなかろう。

笑顔で終えられるか

定年が近づくと、その日が心待ちになる。「定年まであと〇〇日」と手帳に記す職員もいる。退職金が入ったら海外旅行にいこう、また住宅ローンを返すといくら残るかなど計算もする。

毎年七月一〇日は定期人事異動の日だ。退職者の大半がこの日で辞める。署長が退職する場合は職員が集合し、署長のあいさつを受け花束贈呈などをおこなう。退職者がいるフロアでも同様におこなう場合がおおい。あいさつには、何とかこの日にたどり着いたという安堵と、職員への感謝が表現され、笑顔と拍手で退職者を送りだす。

だが、そうではない辞め方を経験することになる。二〇一〇年（平成二二）七月、ある署で定年までの年数をかなり残して辞める四〇代の男性上席があいさつをした。

「仕事をしていて楽しいことはなかった」、「早く辞めたいとばかり思っていた」。これだけで終わった。集まった職員はとまどった。大きな拍手を送ろうと待ちかまえていたのに、まばらで小さな拍手になった。退職にいたる経過は不明であるが、なにか重いものを抱えながら働いてきたことだけは感じられた。

二〇一二年（平成二四）、ある普通科の同期が、定年を迎えたあと班会を開いた。四〇年を超える税務署での勤務を、よくここまできたと称え合った。

定年延長を希望せず、三月末に統括官で辞めた者がいた。なぜ三月で辞めたのかを聞かれた。

「一刻も早く辞めたかった」

「統括の仕事といえば危機管理で文書の管理と部下の管理ばかりいわれる。アレやれコレやれと次々に押しつけられて、もうやってられない」

「辞めてホッとしたよ」

これが統括官の仕事か、俺たちの入った頃はこんな職場じゃなかった、どうしてこうなったのだ、という怒りともいえない複雑な感情の吐露であった。

あと三か月ガマンして働けば給料と一時金を手にできるのに、抱え続けてきたわだかまりから解放されたいと、すべてを断ち切るようにこの日で辞めた。彼にとって経済的価値をはるかに超える判断が働いた。

晴れ晴れとした気持ちで、退職の日を迎える者ばかりではない。

4　転職の選択肢

「税の道に一生」時代の終焉

二〇〇三年（平成一五）、国税局、国際調査課の職員五名が同時に退職する内示情報がでた。一つの部署でゴッソリ退職するとはパワハラかも、と懸念が広がった。ほどなくして大手監査法人に五名まとめて転職するとの情報が流れてきた。

国際課税は新しい分野で、課税処分の線引きが企業側からは判断がつきにくい。手っ取り早いのは課税側の職員を引き抜くことであった。国際課税の分野は急速に花形になった。

だが「こんな辞め方をしてよいのか」というのが、ベテラン職員の反応であった。国際課税を担当する者は、六か月の国際租税セミナー（当時の制度）や英語などの研修を受ける場合がおおい。当局からみると多額のコストをかけ、これから活躍してほしいと願っているところに突然の転職だ。税務職員として最後まで勤め上げることを当然視していた時代の終焉を見せつける出来事であった。

「税務職員であることに誇りを持ち、国民全体の奉仕者であることを忘れず」、「国の基なる税の道に一生を捧げる覚悟でおります」
（「局報」66年4月6日）

これは一九六六年（昭和四一）普通科研修終了にあたり「二五期生の声」として「局報」に掲載されたものである。ここから四〇年近くが経ち、明らかに世の中が変わり税務職員の意識も変わってきた。

若いうちに税理士に転職し活躍する姿が目につくようになってくる。あるベテラン職員が国際課税を調べるためネット検索すると、ＰＣの画面に見覚えのある名前と顔が「国際課税に強い税理士」として現れた。法人調査部門の後輩だった。

従来、税理士への転職は先輩の事務所を引き継ぐ場合がおおかった。だが状況は変わってきた。調査や審理でキャリアを積み、得意の分野で活躍する。選択肢が広がり転職のハードルは下がった。ネット上では「元国税専門官」など税務職員のキャリアを生かし様々に活躍する税理士たちが現れる。

今後は「税の道に一生を捧げる」職員が減り、税理士を中心に転職者が増えるのであろうか。

だが、その選択は容易ではない。独り立ちするのは大変なことだ。病気になれば事業継続が困難になることもあり得る。ある国専はつぶやいた。「決断するには勇気がいる。早くから転職したかったけどフンギリがつかなかった」。

ＯＢ税理士はいう。「リスクを背負って、若いうちに開業する道は広がってきている。だけど、定年後に無理せず税理士をするのも悪くないよ。衰えないように頭の体操だね」。

5　女性の職業人生

署長に直訴し配転取り消し

かつて女性職員は、結婚したあとどれくらい在職し続けたのか。一九八三年（昭和五八）に職場結婚した女性職員に限ってみると、五年後に三五％が離職、一〇年後には六一％が離職した。「こんなかわいい子を置いて働きにいくの」といわれる時代であった。

育児休業制度がない時代は、出産直後が大変であった。「子供が産まれ保育園に入れる四月まで、宿舎内で子供をみてくれる人を探し頼みました」（「全国税東京」頑張る女性の四二年間②、２００２年7月23日）。

一九九二年（平成四）育児休業制度ができたが、当初は制度に無理解な管理職がいた。

全国税　「育児休暇や出勤特例などとると勤評（人事評価）に影響する」という統括官がいる。
局長　そういうことがないよう指導している。

（（　）内筆者注。「全国税東京」93年10月15日、局長交渉）

その後、休業期間が三年まで延長、また育児休業手当金などの措置で環境が整備されていく。育児休業を合計二年とった女性職員が上席昇任時期にさしかかった。当局がどう処遇するのか職場は注目していたが、当局は経験二〇年で上席昇任させた。これは、育児をしながら働き続けることへの当局の回答であった。

当局は、未就学児を持つ職員には、署の配置を考慮している。それでも子育て中の職員にとっては、いまの勤務先から異動させられるか否かは大問題だ。

一九七〇年代であるが、女性職員が配置換えの内示を受け、これでは子育てができなくなると、撤回を求め署長の自宅にいき直訴した。

「署長に頼むしかないと、休日に自宅に要請にいきました」

「夏の暑い日で、組合員数人でいくと署長はゴルフかなんかで留守……帰宅した署長はびっくりしてましたけど、その場でだれかに電話しました。それで内示は撤回」

（「全国税東京」頑張る女性の四二年間⑤、2002年9月20日）

二〇一〇年（平成二二）、子育て中の職員から全国税に投書があった。

「毎年異動の時期はビクビクしています。やっと生活のサイクルが上手く回り、自分も子供も良い感じになったと思っても、異動で家を出る時間が変わると、とても仕事を続けられません」

（「全国税」10年7月25日）

何年経っても改善されず、育児と仕事のギリギリ状態が続く。

歩み遅い女性登用

女性職員の昇進であるが、一九六〇年代までは閉ざされていた。女性は調査・徴収官どまりで辞めていく時代であった。

一九八二年（昭和五七）、当局は初めて女性署長を発令するが、女性差別をしていない実績をつくっただけ、との批判がでた。

同年、国専と普通科で女性職員を採用しはじめる。それ以前に採用された女性職員には特科研修をおこなった。普通科で一年間で教えるカリキュラムを、六か月で習得させるハードスケジュールであるうえに、既婚者、育児中の者もいて、研修に参加すること自体が困難であった。終了後は人事などで普通科卒と同等とした。

その後、調査を担当する女性職員が増えてくる。一九九三年（平成五）、全国税は「調査事務に携わる女性の座談会」を機関紙に載せた。

司会　子育てとの両立についてはどうですか。

Aさん　子供が二歳半までは、熱を出したり大変でした。年休は使い果たしましたが、「とにかく件数はするから許してほしい」と、部門には迷惑をかけないという気持ちでツッパッてきたように思います。

（「全国税」93年1月5日）

二〇〇二年（平成一四）、国税庁は「女性職員の採用・登用拡大計画」をつくった。当局は女性職員に昇進を希望するよう促した。また、総務係長、総務課長補佐、総務課長など、昇進のステップとなるポストに女性職員を配置しはじめた。

一方、「統括官昇任氷河期」に遭遇した男性職員からは、この年代への手当てが薄い、逆差別ではないかとの声もでた。

女性職員が進出するための職場環境整備が進まない。慢性超勤状態の改善は重要なポイントだが、当局は本気で立ち向かわない。激務を強いられる国税局への登用も進まない。

それでも登用は徐々に進んでいる。拡大計画の前年二〇〇一年（平成一三）の女性指定官職は一〇名程度しか見受けないが、二〇一二年（平成二四）の税務署幹部の女性配置数は、署長、副署長など指定官職は約二〇名、総務課長は二ケタに。二〇二三年（令和五）では、指定官職が約三〇名、二ケタの総務課長が見受けられ、拡大傾向は続いている。

女性は働き続けても調査・徴収官どまりで退職するのが当然視されていた一九六〇年代から半

世紀以上経過して、ようやくここまでたどり着いた。だが今後、管理職にどれだけ女性が進出できるのか、容易に進む環境にはいたっていない。

6 「危機管理世代」が過半数に

先輩が語る昔ばなし

二〇〇〇年（平成一二）に「危機管理」がはじまったが、この年採用された国専は、二〇二三年（令和五）には四〇代後半となり、同年採用の普通科も四〇歳を超えた。「危機管理世代」が職場の過半数となっていく。

これらの職員にとって、危機管理は当たり前の世界だ。局に報告にいくときはビール券を持参した、料調指導事案の調査では署内で毎晩飲食した、寮や家族宿舎は希望すれば入れた、レクリエーションは平日にできた、日曜日の申告相談はなかった、昼休みは一斉にとった、永年勤続者表彰では飲食し歓談したなどは、先輩が語る昔ばなしになってしまった。

今後「危機管理世代」は、税務職員として、どのような職業人生を歩んでいくのであろうか。

第九章　調査とノルマの圧力

1　法人調査ノルマ

統括官が九〇日も調査

戦後混乱期からの七十有余年、税務署で働くノンキャリア職員の姿をたどってきたが、そこで気がつくのは、税務職員はどの時代でも様々なノルマを意識させられつつ働いていることだ。とりわけ調査担当にのしかかるノルマは、調査のあり方、また納税者、税理士にもかかわる重要な問題である。

ここでは法人調査のノルマ、調査手法の問題などを検討するが、その前に過大な調査件数の問題にふれる。調査計画件数の算出方法に問題がある。税務署の法人調査部門では、職員ごとに一年間の勤務日数から年次休暇二〇日、夏季休暇三日を完全消化する計算で、また研修、内部事務日数を差し引き、残った日数を実地調査日数とし、部門で合計する。この日数を局主務課から示される一件当たりの調査日数で割ると、その部門の年間調査件数がでる。

一見無理のない件数に見える。なぜ担当者が「件数がおおい」と苦しむのか不思議であろう。その主な原因は、単独ではほぼ調査をしない統括官が何十日も調査することにして、部門の調査日数に合計していることによる。「統括官が年間六〇日〜九〇日も調査をおこなうことを前提に、一人当り年間三四件もの過大な調査計画件数が見積もられている」（「全国税東京」99年5月18日）。

ここにカラクリがある。統括官の調査件数は一件当たり六日として年間一三、一四件になる。この件数は上席以下の職員に背負わせる。

統括官の調査日数をなくせと現場は強く求めているのに、当局は認めない。

全国税　統括官が一三〜一四件を一人で調査から決議までやれば、部下はその分ラクになるが実態は違う。

当局　統括官が一緒に調査をやれば、一件六日で終わるとの考えのもとにやっている。

全国税　統括官が同行したからといって、早く終わるわけではない。

（「全国税東京」99年5月18日、当局交渉）

統括官はラクをしているようだが、そうではない。調査選定をし、調査の復命を聞き指示をだす。時には部門で三〇件以上も仕掛中となり、難航する事案がいくつもでてきて悩ませる。署の幹部からは実績を追求される。危機管理がはじまってからは、部下の行動も注視するよう求められる。統括官の調査日数を一三七日にした署もあった。これは上席の年間調査日数に近い。「机上の空論」である。

調査件数は「請負契約」

統括官の調査件数も背負うため、上席以下には一人年間三四件程度の件数が割りふられる。件数が過大なら一〇〇％やらなければよいのだが、件数は職員個人の「請負契約」になっている実態がある。局主務課は、とりわけ着手件数をチェックする。上半期（七月～一二月）では年間件数の六割も着手せよと指導する。

人事異動目前の六月になっても、まだ件数にこだわる。

全国税　ノルマ主義を排除し「件数ありき」の事務運営をあらためること。昨年度も六月に入ってから「件数がたりない」と、追加で指令させた署があった。「件数だけは……」と尻たたきをした。

（「全国税東京」99年10月20日、局長交渉）

長期病欠者がでても、件数は他の職員に振り分けられ当初計画の件数をやり切らせる。

全国税　法人の上席が病気で半年休んだ。その人の件数を皆に割りふって計画通りの件数をやらせた。

（「全国税東京」89年12月7日、局長交渉）

件数の圧力が特定の職員に強くかかる場合がある。

大卒後、企業などで八年以上勤めた者を社会人経験者として採用している。社会人経験があるといっても調査は初めてなのに、件数は一人前に近い。

全国税　社会人経験者（社会人基礎研修1期生）に対し、年間で二一から二四件もの調査件数が計画されているが、どうしてこのような無茶な計画が出てくるのか……調査事務は特殊であり、現場では「無理だ」との声が強い。

局長　社会人経験者は研修が配置されておらず、専科の一年目より件数が多くなるのは事実だ。

（「全国税東京」2017年10月20日）

法人調査の若手職員は三月になると個人課税部門へ併任発令され、確定申告事務に専念する。併任が決まっているのに一月から目いっぱい法人の調査をさせる。二月末までには当然終わらない。このため三月になると早朝出勤を余儀なくされる。

「早朝七時三〇分に出勤、法人の調査仕掛り事案の整理、始業時刻一〇分前に個人課税部門へ。夜は連日三時間超勤の毎日」

（「全国税」08年7月30日）

調査件数は、机上の計算でひねりだす。いったん決めた件数は、途中で予定外の事情ができてもあまり考慮せず、各職員、また部門に請け負わせる。増差所得などの実績が振るわないと「件数だけはなんとかやろう」と傾いていく。

実績上げよと尻タタキ

件数だけでなく、不正所得や修・更正割合でも数字を求められる。

ある署で、確定申告直前の二月に無予告現況調査の指示がだされた。「年間計画を変更し二月に週二日を無予告現況調査に着手させる署もでてきて、『数字が悪いから急に現況をやらせている』との声が上がっています」（「全国税東京」03年3月18日）。上半期の数字がよくなかったので、予定を変更して現況調査をさせ、不正所得などの実績を上げようとした。

人事評価が終わった四月になっても、局主務課は修・更正割合が低い署に「指導」に入った。調査事績の締めは六月だ。どうにもならない。しかも七月の人事異動はほぼ固まっている時期だ。なにをいまさら……「指導」を受けた署の幹部は怒った。

数字をよくする「麻薬」的手法

修・更正割合を上げる「麻薬」的手法があったが、二〇一三年（平成二五）の通則法改正で調査手続きが厳格化し使えなくなった。その手法とは、調査着手をして修正事項がないと、調査をしなかったことにする、というものだ。

全国税　法人調査は年間三六件くらいだが、是認がいやで四〇～五〇件も接触している。

（「全国税東京」１９８８年10月1日、局長交渉）

これは極端な例だが、修・更正割合を上げるには手っ取り早い。だが本人は苦しむ。計画件数を一〇〇%達成しようと、ボツにした分、さらに着手を増やす。「麻薬」的手法というほかない。

着手しボツにしたのに、それを記録に残さない職員もいた。その法人を翌年統括官が調査選定し、担当者が税理士に電話すると「去年調査にきて是認で終わったのに、なんで今年も来るのか」といわれ、アタフタすることもけっこう起きた。

下がってきた修・更正割合

従来、法人税の修・更正割合は八〇%を超えていた。一九六八（昭和四三）事務年度からの三年間は、八〇・八%、八三・四%、八四・〇%である（「局報」71年9月6日）。

一九七五（昭和五〇）事務年度は九〇%にまで達した。ところが一九八八（昭和六三）事務年度から二〇〇〇（平成一二）事務年度までは、修・更生割合を示さなくなる。この間、修正申告偽造が各局で相次ぎ（第五章3）、内外の批判が強くなったことが背景にあるだろう。

二〇〇一（平成一三）事務年度からはふたたび示す。この年度は七割を切った。修・更正割合が下がった主な要因は、是認事案をボツにすることが減ってきたためと思われる。ベテラン職員の間では「このくらい下がった数字が実感に近いかも」と話がでた。

だが、その後も、たとえ少額でも修正申告に結びつけようと必死になることもある（第七章2）。

増差所得・不正所得のプレッシャー

特別調査部門（特調）は、税務署の調査部門のなかの一つの部門として配置されている。外部からは、一般調査部門か特調部門かはわからない。この部門の調査は激務だ。キャバクラなど繁華街の調査を受け持つ。内観、外観調査を重視し、着手は無予告でおこなう。担当の統括官と職員は、調査の経験を考慮し国税局が指定する。不正所得の可能性の高い法人を選定するため、局署の幹部は、どう実績が上がるか期待し注視する。特調部門の統括官は大変だ。他署の特調部門の実績とも比較され、露骨に数字を上げろといわれる。

ある署の幹部会の忘年会で、特調部門の統括官が弱音をはいた。「今年は数字が上がらなくて大変だ。部下にはプレッシャーはかけたくないし、まいった」。

増差所得、また不正所得の実績はかなり増減する。バブル期は、不動産取引業の不正所得がケタちがいに増えた。その事業種目を担当する部門はどんどん実績がでる。特調部門を上まわることも少なくなかった。バブル頂点の一九八九（平成元）事務年度、東京局全体の法人税調査の増差所得は四〇〇〇億円弱となった。五年前と比べ二倍弱の増加だ。

二〇二三年（令和五）一一月、国税庁は法人税などの調査による追徴税額が前年度比四割増と発表した。新型コロナウイルス感染症が収束し調査件数が前年度より五割も増えたことが要因だ。

調査担当者の能力や努力に関係なく、様々な要因で数字が動く。それがわかっていながら、数字の前年対比、また他署との対比に一喜一憂を繰り返す。

ノルマの圧力なくても

法人調査部門でノルマの圧力となっているのは、主に調査件数、修・更正割合、増差所得、不正所得である。これらを当局は「指標、目安」という。ノルマとなっていることを公式には頑として認めないが、前述したように、見えないところで現場を強く「指導」する。

たいていの統括官は部下の防波堤になるので、上席以下の職員が直に尻をたたかれることは少ない。だが、三件続けて是認で終わるなどの場合は、上司からいわれなくても、さすがに数字を意識せざるを得ない。

もし、ノルマの圧力がなかったら、調査担当者はラクになるのであろうか。法人調査部門のある調査官が、三年間の期限付きで資産税部門に転課をした。ところが三年後、法人に戻らず資産税に「本籍」を移した。資産税の方が「数字の圧力」が弱かったので、法人調査には戻らない選択をしたといった。元いた法人調査部門では、上からの尻タタキはなかったのだが。

数字をだせといわれなくても、調査担当者は意識する。それは、数字自体に互いを意識させ競わせる要素があるからだ。数字は独り歩きするのだ。ここがやっかいなところだ。だからこそ、当局は「ノルマを押しつけてない」から責任はない、という態度ではなく、現場に圧力がかかってないか、数字を指標としてのみ活用しているか、署の幹部、統括官、調査担当者が数字をプレッシャーと感じていないかを注視しなければならない。

2　過酷な料調方式調査

「午前二時すぎ……ようやく観念」

国税局の資料調査課（料調）は、税務署において調査が困難と認められる事案を調査選定し、特別調査をおこなう。独自調査だけでなく税務署の調査技法向上のために、署がおこなう調査を指導する、いわゆる「料調指導事案」の調査もおこなう。これが税務署の調査のあり方に大きくかかわってきた。

一九七〇年代以降、料調指導事案の調査が拡大し、また署が独自に「料調方式」でおこなう調査も増えてくる。

着手前の準備調査では、客として店舗に入り情報収集する内観調査や、店舗や建物にだれが出入りし、客が何人入ったのかなど外観調査をおこなう。調査着手は無予告でおこなう。事務所、店舗だけでなく代表者の自宅などに同時に着手する。机、金庫、代表者の財布のなかまで開けさせる現況調査をおこなう。脱税の端緒を見つけると、執拗に追及を続ける。

一九八〇年（昭和五五）、深夜まで納税者を追及し続けた調査事案を当局は優良事績として表彰した。職員はこの調査手法を、当局が評価するものとして受けとめることになる。

「調査が、深夜の午前二時すぎまで及んだということが、局主催の優良事績発表会で報告されました。〝報告文書〟によれば『……さらにMを説得しつづけたところ、午前二時すぎ、ようやくMは観念した……』となっており、三時、四時まで調査を続行した可能性もあります」

（「全国税」80年7月5日）

深夜にゴミの収集までおこなった。

全国税　東京・京橋署では、深夜二時・五時にバーの資料収集をさせている。大阪局の調査技法研修用ビデオでは、女性職員と日曜の内観、深夜零時過ぎまでの張り込みなど推奨している。

長官　京橋署の例は、外観調査中にゴミがあったので持ち帰ったと聞いている。推奨している訳ではない。

（「全国税」90年12月20日、団交特集）

料調指導事案の調査は拡大し、各署をめぐり毎週のように調杳に着手する。料調の職員は激務が続く。週はじめには、一週間分の着替えなどを用意して出勤する。帰宅できない日がおおい。

――「一週間ごとに三署に行き、一週おいてまた三署」とハードさも抜群。

――夜中までの局報告、土・日返上の仕事、おまけに超勤手当は打ち切り（頭打ち）支給。

料調指導事案に参加した署の職員も、過酷な調査を強いられる。

「局員が寮にまで電話し、翌日の調査の指示をする」

（「全国税東京」92年11月20日）

「社長がつかまらなくて、徹夜で、車の中で帰宅するまで張り込んだ」

「終電がなくなったので署に泊まった」

（「全国税東京」95年9月15日）

風呂敷と軍手

料調方式の調査スタイルが署にも浸透していく。

「W君の調査用のカバンの中を覗くと、ペンケースより少し大きい透き通ったファスナー付きの袋に、ボールペンやマーカー、ハサミ、ホッチキス、糊、付箋等々の文房具が一杯詰まっている……『実は去年の料調指導事案のときに局の人のを見てまねたんです』と言う……風呂敷包みと軍手が見えた……『ゴミ箱をあさるときに手が汚くなるでしょう』。料調の実査官が教えてくれた」

（「全国税」94年4月25日）

寄り道 一斉に起立！

……危機管理が叫ばれる以前、料調指導事案に着手する週は、税務署内で毎晩飲み会をおこなっていた。署は料調を接待する。ある署で、打ち合わせが終わり、料調と署の幹部や担当者が飲み会をはじめた。

「しばらくして用事があったらしい料調の主査が『それじゃお先に』と席を立った。その瞬間である。料調職員の全員が一斉にパッと立ち上がり玄関までお見送り……見事なまでに『統一』された光景に、ある青年は呆然」

（「全国税」99年1月15日）

いつの頃から、このスタイルが出来上がったのかは不明であるが、この場にいた職員が呆然とするほど見事に統一された「軍隊の儀礼」であった。料調を経験したOB税理士は、料調の組織を「軍隊式ではなく『軍隊』そのもの」と著述している（佐藤弘幸『国税局資料調査課』扶桑社、２０１５年）。

国税局の査察部は、さらに軍隊式だ。査察にいた職員が、査察の飲み会の光景について語った。

「バケツを持った若い職員が席の後ろに控えているんです。コップのビールが少なくなるのを見計らって、さっと駆け寄ってぬるくなったビールをバケツに移して、冷たいビールを注ぐんです」

査察は、過去のロッキード事件、金丸脱税事件など政治家が対象の場合は、とりわけ社会から注視される。着手したからにはやり遂げねばならない、そのプレッシャーは強烈だ。特有の職場環境のなかで、良し悪しは別に、査察独特の文化、スタイルが形成されていったのであろう。

料調や査察で働いたことのない税務職員にとっては驚くほかはない。別世界の光景である。

3　料調方式調査の問題

無予告で納税者にダメージ

申告納税方式をとっているのに無予告調査をおこなうことには、違法、または極度に限定すべきだとの議論がある。当然起こるべき議論だが、ここでは実態としての問題を検討する。

料調指導事案と、署がおこなう料調方式調査の問題は、第一に無予告現況調査で納税者に強い負荷をかけることだ。突然の調査着手で、納税者にダメージを与えることは避けられない。

無予告で社長宅にいき、チャイムを鳴らす。ここには家族も暮らしている。プライベート空間を税務職員に見られる社長は、たとえ脱税の結果となったとしても、不愉快でプライドを傷つけられたと思うであろう。

「社長の妻が、無予告現況調査を受けたことで心身の不調にみまわれた」と、あるOB税理士はいった。このような事態も起きてしまう。

第二に、調査を担当する料調の職員、そして署の職員にとって大きな負荷がかかること。着手前の内観、外観調査にはじまり、着手すると連日、深夜にかかることもある（第九章2で詳述）。

不正だして当たり前

第三に、不正所得の把握第一主義におちいっていること。これは特に料調指導事案にいえることだ。料調は各署をまわり、調査が困難で「脱税」の可能性の高い事案を選定する。署は「料調は優秀な職員が集っているし、不正がでる事案を差しだしたんだから」と成果を期待する。料調の担当者には、プレッシャーがのしかかる。

料調は毎週のように調査着手するため、その週のうちに実績をだそうとアクセルを踏む。あらかじめ事案を二件用意しておき、一件目で不正がでないと二件目を着手することまでやった。

一九九六年（平成八）、都内の署で料調指導事案を着手したが、結果がでなかった。

「夜の打ち合わせの席で主査が『事案を差しかえてもう一件、金曜日にやろう』と発言、全国税は当局に二件目の着手中止などを要求し、ストップさせた」（「全国税」96年5月27日）

週末の金曜日に二件目を着手したいといいだすなど、一件目で結果がでなかったことで主査は追い込まれていた。

調査事案差し替えを、全国税東京地連は局長交渉で追及した。局長は「事案を差し替えて後に着手する事は考えていない。ただ、署の要請で、また、たまたま差し替えて着手できる事案が用意されていて……残りの日数で終わる場合に限って差し替えも考えられる」（「全国税東京」96年6月15日）と回答。

料調がやりたいわけではない、署が要請したので事案の用意があれば二件目を着手すると、事実を捻じ曲げて回答。局長は料調をかばった。二件目は、たまたまではなく料調が最初から準備しているのだ。

翌年も、都内署で料調の事案差し替えが聞こえてきた。着手したが結果がでなかったので、そこを一日で引きあげ、翌日二件目を着手した。

また、不正所得の把握、週内での決着にとらわれるため、調査指導はおろそかになりがちだ。「内観は夜一一時まで、調査当日は現地集合で朝八時から夜の八時まで、署に戻って打ち合わせ、解散は夜一一時。以後、三日連続で夜八時まで超勤。いわれたことをやるだけで最後のまとめはどうなったのかわからない」

（「全国税東京」92年11月4日）

「調査技法を学べる」と思い、参加した職員には不満が残る。

長官「署の方式としない」

料調方式調査が署で実施されていることを長官はどうみているのか。一九八六年（昭和六一）一二月、全国税は長官交渉で料調方式調査の問題を指摘した。

全国税　局料調等と署の合同調査や併任発令は、考え直すべき。集団調査は、署では参考にならん。

長官　特調事案は困難な事案で、勤務時間を超えることも。ただし平常の仕事に持ち込まない。料調方式を署の方式としない。

（「全国税」86年12月15日）

一九八八年（昭和六三）、所得税の無予告調査について、東京国税局長は「例外」と回答した。

全国税　無予告現況調査が、職員のストレスになっている。今年の所得税優良事案四七件のうち無予告が三〇件……局で奨励しているのか。

局長　あくまで例外であり原則ではない。

（「全国税東京」88年12月15日、局長交渉）

「署の方式としない」、また「あくまで例外」との回答だが、局主務課はこれに逆行するかのように、法人の一般調査部門に無予告現況調査を年間六件計画せよ、などと一律に件数まで指示するようになる。署で無予告調査を何件おこなったのかチェックし、尻をたたく。「無予告現況調査週間」を設定し、各部門一斉に無予告調査をさせる署もでてきた。

無予告調査は必要か

脱税の可能性の高い事案は料調や特調部門が既に選定している。一般調査部門には、事案はなかなか見あたらない。だが無予告調査の件数は計画通り着手せざるを得ない。内観、外観調査をおこなうが、「この法人に無予告現況調査が本当に必要か」と疑問を抱えたまま着手することも。

当局は無予告現況調査を、効率的に不正所得を把握する手法として従来から頼ってきた。だが前述したように、その弊害は広範囲に及ぶ。

二〇一三年（平成二五）の国税通則法改正では、無予告調査ができる場合をかなり限定したが、現場はあまり劇的な変更とはとらえていない。調査通知の仕方、必要な証拠資料、決議書の作成方法の変更などに気をとられている。

無予告調査を計画通りにこなすのではなく、法令に則り無予告は不要、不可と判断されたらやめなくてはならない。また不正所得が把握された場合でも、その事案において無予告でないと不正所得を把握できなかったのか、予告調査では把握できないのか検証をおこなうなど、無予告調査の絞り込みは厳格になされるべきである。

4 調査の目指すもの

指導的効果を持つ調査

いったい調査においてはなにを目指すべきか。増差（申告額と調査額の差）、不正所得を把握することか。それは適正申告をしてもらうこと、また「脱税を許さない」という使命感から発するものであろう。だが、そこにとどまるものではない。

無予告現況調査をおこなう国税局資料調査課だが、その調査についても、不正所得の把握だけでなく「税務に対する姿勢を正してもらうことに意義がある」(「局報」67年6月12日、「任意調査の限界にいどむ」)としている。

国税庁は一九七六年(昭和五一)に作成した「税務運営方針」で調査についての考え方を示している。

「調査は、その調査によってその後は調査をしないでも自主的に適正な申告と納税が期待できるような指導的効果を持つものでなければならない」

また、調査が非違事項(税法に違反する計算)の摘出に終始し、指導の理念を欠く場合には「納税者の不適正な申告、税務調査の必要という悪循環に陥る結果となるであろう」、さらに「調査の件数、増差割合等にとらわれることなく」と実績への固執を戒めている。

一九八二年(昭和五七)、福田幸弘国税庁長官(当時)のときに、「指導的効果」を持つ調査の施策を一歩進めた。

広報、相談、指導、調査が、サイクルをもって循環し、「それが正しい申告というものを常に目指しているという行き方をとることが必要」(福田幸弘『税制改革の視点』税務経理協会、85年)。

この四分野を有機的に機能させるなかで、「指導的効果」を持つ調査を目指そうとするのであろうが、その具体化は見えてこない。調査を統括する局の主務課は、まず現場から増差所得などの実績が上がってくるかを注視する。現場も調査に没入していく。

局の幹部が、この方針を否定することもあった。
――「調査、指導、広報、相談（四本柱）のうち、税務職員でなければできないのは調査だけ。相談等は税理士に任せればよい」と、局の会議で、課税一部長が発言。この驚くべき発言に出席した署幹部達から疑問の声があがっています。（「全国税」2000年7月25日）
調査に集中すればよい、これが調査を統括する幹部の本音かもしれない。

適正申告への展望

無申告を続ける納税者、調査で不正所得が見つかり、次の調査でも脱税が発覚する納税者も存在する。また、調査で今後の申告指導に力を割いたことで、その後適正申告が続いたとしても、その企業、事業者はしばらくたつと代替わりか廃業をする。そしてあらたに事業を起こす納税者が続々と生まれてくる。そこに、二〇二四年（令和六）の自民党政治資金パーティー裏金事件のような政治不信が高まる事態が起きると、納税者の適正申告への意欲は大きく揺らぐ。税務職員の努力だけではどうにもならないのだ。

「相談も指導もしないで、低い申告が出てきたのを調べにいって増差額を出し、そしてそれが実績評価になる、これはよくない」（前掲『税制改革の視点』）との指摘があるが、「指導的効果」を持つ調査の展望は、なかなか見えてこない。

少額は指導に

調査で少額の指摘事項だけの場合どう処理するか、これも調査の現場でくすぶっている問題だ。税額一万円の修正申告、九〇〇円の源泉徴収もれでも課税処理を指示する統括官もいるが、担当者としては、調査した結果ほとんど問題がなかったのだから「確定申告通りでけっこうです」といいたい。「税額一万円の修正申告をしてください」などはいいたくない。

納税者、税理士からは「重箱のスミをつつくようなことはやめて、もっと大きい会社を調べて税金をとるべきだ」などと批判される。税金のノルマがあるのでは、税金がでるまで調査をするのでは、と不審、不安感を持たれることにもなる。少額ももらさず課税する、それが調査の目指すべきところか大いに疑問だ。

調査担当者が一年間で調査するうち、加算税のかからない少額な修正申告処理は数件あるだろう。これを指導事項にすると、修・更正割合は約一〇%下がる。当局としては容認しがたいだろうが、少額は「行政指導」とするよう法整備をすれば、納税者、調査担当者は納得できる。当局も調査事績の公表では、「少額の誤り〇〇〇件は指導事項とした」とすればよい。「たとえ一〇〇円でも納付させるべき」という意見はあるが、社会的合意は可能と考える。

納税者はどう考えているか

調査を受ける側の納税者は、税務署を、また調査をどうみているのか。法人調査担当者の経験から考えてみる。

一九九八年（平成一〇）、大蔵省職員らの接待汚職事件が発生したとき、「調査では納税者の意見を聞いて報告するように」と指示がでた。ある調査が終わる頃、社長に「いいたいことはありますか。聞いて報告するようにいわれてます」というと、社長は税務署への意見だけでなく、税金の使い道や政治、経済の不満までセキを切ったように述べつらねた。そして一息入れ、「税務署にいいたいことを聞いてもらえるなんて思わなかった」とサッパリした口調でいった。その社長は、強い権力を行使するのが税務署で、そこに向かって意見をいってはいけないとガマンしていた。

別の調査で社長と雑談をしたときのこと。「五年前若い調査官がきた。誤りがあるから修正申告をといわれたが、調査官のズボンを見るとシワだらけだった。こんな調査官にいわれて税金を払いたくなかった」と社長は語気を強くした。調査担当者は姿かたちの細かいところまで観察され、見た目で直感的に判断されることもある。社長にとって、調査に来た職員＝国家の代表なのだ。きちんとした身なりの職員に指摘されるのならともかく、しわだらけのズボンの職員にいわれて税金を払うのはイヤだ、と感じたのだ。

パチンコ店を経営する法人の子会社を調査した。協力的とはいえなかった。帳簿調査をやめ、雑談に切り替えた。社長が、どのようにしてパチンコ店を経営するまでになったのかを聞いた。それから二時間、社長は自分の半生を語った。

中学を卒業後、無我夢中で働き続け資金をためた。一軒のパチンコ店を買った。すぐ店長に売上代金を持ち逃げされた。その日から社長は店舗に住み込み、休日なしで働いた。クギの調整も自分でやった。一年経ち、ようやく経営は軌道にのった。この間風呂には入らなかった。

社長は話し終わると、経理をしている妻に指示し、取引の確認に必要な書類をださせた。社長がなぜ協力にいたったのかは不明のままであったが、想像するに、社長は骨身を削って働き続けた末に、ようやく経営者として税金を払う立場になった。その重みを、税金に携わる人間は理解すべきだといいたかった。自分の半生のストーリーに、そのメッセージを込めた。調査担当者に、いくらかは伝わったと感じたのだろう。

小規模な製造業に調査にいった。架空経費があり、かなりの納税額となった。会社の資金状態から一度に納付できる額ではなかった。一年後、社長が突然税務署にきた。正直会いたくなかった。ギスギスしたままで終わったからだ。社長はいった。

「いま徴収部門にいって、調査を受けたときの税金をやっと払い終わりました」

思いもよらない言葉であった。社長の顔を見ると明るかった。調査を受けたあと、社長は気持ちを切り替え、一年間頑張って完納した。そのことを調査にきた職員にいいたかったのだ。調査時点では、社長の気持ちを理解できていなかった。

調査担当者が思いいたらなかった、納税者、そして経営者としての様々な意見や複雑な感情を受けとめることになる。税務署の調査は、「調査」にとどまらない。奥が深く、またかなり人間臭い仕事である。

「国営ヤクザだ」

納税する側の思いや感情にふれる場合ばかりではない。「税金だといってカネをむしり取っていく。国営ヤクザだ」、別の調査では「アンタが帰ったら玄関に塩まいてやる」と、取りつくシマもなく一方的にいわれることもある。調査担当者は疫病神扱いだ。

適正申告へ前進したとの感触を得られる場合は、おおくはない。それでも意見交換し、お互いのスタンスを確認することも意味があるのではないか。

調査担当者が、数字を追いかけるだけの調査におちいることなく、気持ちに余裕をもって調査に臨めることが重要で、それは当局の責務である。

寄り道

みこと調査

みこと（三言）調査は、大量採用で新人が増えた一九九〇年代に聞こえてきた言葉だ。「調査にきた新人職員がしゃべらないんだ。こんにちは、帳簿見せてください、さようなら。これだけだ。最近の若い人はしゃべらないのかな」と、調査に立ち会ったOB税理士が心配したという話が「三言調査」だと伝わってきた。

統括官から「すぐ帳簿を見はじめないで、最初は雑談から入って」と指示されても、調査先で待ちかまえる社長や税理士は自分の親と同世代、しかも経験豊富だ。委縮し言葉少なになる。立ち会う社長、税理士はその場を和ませたいと思うが、余計なことをいわないよう会話を控える傾向だ。

以前はよく会話をしていた。社長に気に入られ、臨場調査が終わる頃「身元はしっかりしているし、経理と税金には強いし、うちの娘とぜひ結婚を」と迫られた話もある。調査は通常二日間おこなう。この間職員は、社長からあれこれと見定められていたのだろう。

第一〇章　ノンキャリア集団の展望

1　ノンキャリア集団の形成と特徴

二つの集団

本章では、ノンキャリア税務職員集団のこれからを考えてみたい。その前に、この集団の構図と近年の変貌を再確認する。

本書の「はじめに」では、東京国税局の組織が、予算と人事権を握る一〇名ほどのキャリア集団と、金も権力も持たないが専門性を身につけているノンキャリアの大集団で構成されているととらえた。

二つの集団の関係性について、両集団が交わることはない。キャリアは税務行政の企画をおこない現場に指示をだす。ノンキャリアはノルマの圧力に抗いつつも、調査計画件数を一〇〇％やり遂げようとする。一九九八年（平成一〇）ＫＳＫシステム導入、二〇〇四年（平成一六）「日曜開庁」、二〇〇六年（平成一八）e－tax利用割合五〇%を目指す、二〇〇九年（平成二一）管理運営部門導入、これら現場に強い負荷をかけるキャリアの企画を、とにかくやり遂げようとする。

交わらない両集団だが、現場で結果をだすノンキャリア集団、それをキャリア集団は人事権で統制するが、努力には人事の処遇で応える。この関係性で一万五千余名の組織が成り立っている。

「国税一家」の形成

ノンキャリア税務職員集団がどのようにして形成されたのかも振り返ってみる。普通科は、もとより全寮制で同期の絆は強かったが、一九六二年（昭和三七）国税庁長官訓示をきっかけに、帰属意識を持つ職員の育成がはじまったことで、「国税一家」と呼ばれるほどの独特な集団が形成されたと考える。厳しく管理される全寮制ではあるが、一年間寝食を共にし、研修では体育や行事が重視され、共に汗をかき、また歓喜する。同じ時間と空間を体験し共有することで一体感が生まれる。

研修が終了したあとは、ほとんどが専任管理官のいる「新任寮」に入る。そこでは毎年、国税局長などキャリアを招待してビアガーデンがおこなわれる。

税務署では、朝の机ふき、お茶入れなどを積極的に担当する新人として働きはじめる。

税務職員には、地方出身者がおおいなど境遇に共通性がある（第八章1）。結婚すると、おおくが家族宿舎に入る。職員だけでなく家族同士の交流もできる。

職場では年二回、当局が「職員相互の連帯感を高める」とまで力を入れたレクリエーションがおこなわれる。

部門では、統括官が頻繁に飲み会に誘う。他省庁に転職した者がいった。「税務署がいかに飲み会がおおいかよくわかった」。

毎月給料日に旅行の積立をし、翌年五月頃、一泊二日程度の部門旅行をおこなう。

これらの「行事」には、積極的に、あるいは否応なしに参加していく。

新人は数年後から昇進の道を意識させられることになる。競争率が一五倍にもなる本科を受験、卒業後は希望者が定員の数十倍も殺到する資料調査課などの国税局勤務を目指す。

国専は大学、社会人経験を経て入ってくるため、普通科同様の強い職員育成はされないが、それでも専科研修のあと、おおくが国税局を希望し、ここから本格的に昇進の道を歩いていく。

そして統括官へ、さらに上のポストを目指す。副署長以上になれば「勇退」後は税理士顧問あっせんが受けられる。これがモチベーションを高める。万が一、現職で死亡しても家族の心配はするなといわれ、仕事に邁進する。離職する者は少なくなっていき、普通科だと大半が定年まで勤め上げる。

このように、採用から退職にいたる長い道のりの様々な場面において、一体感を体験、共有しつつ、おおくの者が昇進を目指す道を歩む。このノンキャリア集団の姿が、「国税一家」と仲間うちで呼んでいたものであろう。国の行政機関のなかでも、税務署には特異なノンキャリア集団が形成されたととらえることができる。

集団性

普通科研修が全寮制をとっていること、また専門科目の時間が比較的少なく、体育や行事その他にかなりの時間を割いていることに着目した研究がある（築島尚岡山大学教授「大学校のカリキュラムから見た日本官僚制におけるノンキャリアの専門教育」「岡山大学法學會雑誌」2015年3月）。全寮制研修で生活を共にすることにより集団性を身につけ、専門性は、研修よりむしろ税務署に赴任したあと、現場で先輩から後輩へ伝承していると指摘している。

この指摘の点はノンキャリア集団の特徴でもあり、また集団としての価値でもあると考えてよいのではないか。

だが、その集団性のうち「負の集団性」については評価できない。全寮制普通科研修では全員を一斉に行動させる。起床、ラジオ体操、食事、入浴、夜の自習時間、門限、点呼、消灯、就寝。規則を破ると罰を科す。全国紙からは、ＯＢの「納税者の立場を考えず、がむしゃらに税を取り立てようとするのは、税大の教育方式に問題があるのでは」とする声を取り上げ、批判も受けた（第五章5）。

だから全国税は、この集団性について「良いも悪いも国税一家」との見解を示してきた。

とはいえ、全寮制研修では一年間寝食を共にし、体育や様々な行事では同じ時間と空間を体験し共有することで、自然と一体感が形成される。署に配属されると「一期ちがえば虫けら同然」と冗談交じりにいいあい、先輩後輩、そして同期の絆を確認し合う。国専は全寮制ではないが、基礎研修、専科研修で時間と空間を共にするなかで一体感が生まれる。

仕事で、この絆が直接役に立つわけではないのだが、教え合い、助け合いながら仕事をするなかでは、潤滑油のように作用している。

専門性

署に配属された職員のおおくは、一つの事務系統を長期間勤めることで専門性を深める。法人調査部門を例に取ると、最初は法人内部事務、または源泉税事務を二、三年経験し、事務の基本、他の事務系統との仕事の関連を学ぶ。

その後、調査部門に配属される。一つの部門で、年間約三〇〇〇件の法人税、消費税の申告書を処理する。統括官、時には上席が調査対象法人を選定する。多数の申告書に目を通し、取引情報などを個別に検討する。

実地調査は一人当たり年間約三〇件おこなう。長期間法人調査を担当する者は、この間おおくの会社に臨場し調査する。退職までに一〇〇〇件近い法人を調査する者もいる。様々な業種について業界内の力関係、取引の勘所がどこにあるか、さらに節税について合法と違法の境界線も学んでいく。

また国税局調査部で大企業の調査に長期間携わる者は、M&A、金融取引、国際課税など独特の分野で専門性を高める。

これらの仕事で得られた経験を、職員はたいして価値のないものと思っていることがおおいが、そこはちがう。職員は、それぞれが長年担当する法人税、消費税、所得税、資産税、徴収、債権管理について、都心署と周辺の署、また国税局を転勤しつつ、おおくの、しかも多様な事例を経験し処理する。これらの事務を長い年月をかけ深掘りしてきているのだ。そこで蓄積された専門性には価値がある。退職し税理士になると、その価値を認識する。

2　求心力が低下

ほどけるノンキャリア集団

二一世紀に入ったあたりから、ノンキャリア集団が変貌しはじめる。集団の一体感を形成してきた、その結束があちこちでほどけはじめる。

レクリエーションは平日にできなくなり、現職者の葬儀の手伝いなどは休暇が必要になり、昼休みは一斉に取れなくなり、永年勤続者表彰での飲食と歓談はなくなった。

また危機管理と自己責任を求める職員管理に強く傾斜していく。新しい人事評価制度では、自己目標の達成度が人事評価に反映すると意識させられる。管運部門の新設では、専門性をないがしろにされ「一人税務署」をさせられる。頑張って副署長など指定官職にたどり着いても、退職後の税理士顧問あっせんはなくなり、モチベーションが低下。

普通科や国専の研修では、体育と行事の時間が廃止・縮小された。みんなが一体となって共感する場が減る。独身寮でも、ワンルームタイプが増えコミュニケーションの機会が減る。

生活面では、寮と家族宿舎の大量廃止で、希望しても入れない場合がでてきた。経済的負担を心配せねばならない。「国税一家」の言葉は、しだいに使われなくなってくる。

税務職員を取り巻く環境に、これだけの変化が起きたことにより、当局はノンキャリア職員に一体感を与え、集団全体を抱え込み、昇進を目指して「最後まで頑張れ」と引っ張っていくことが困難になり、求心力は低下した。また職員の一体感がほどけはじめ、モチベーション低下もあり、これらの変化は税務行政の運営に影を落としている。

3 「生きづらい」職場

「能力を最大限発揮します」

国税庁は二〇二一年（令和三）に「国税庁の組織理念」を公表した。この二〇年前に「国税庁の使命」を策定したが、「国税組織を取り巻く環境が大きく変化したことから」（「税のしるべ」一般財団法人大蔵財務協会、21年4月12日）あらたに策定した。

この組織理念をつくるにあたり国税庁は「職員の『理解』や『共感』を深めるという観点から、同庁、国税局、税務署で意見交換会を開き、幅広い職員の意見を踏まえて策定した」（前掲「税のしるべ」）とするが、疑問がある。

税務署では職員座談会を開催し、総務課長が意見を取りまとめたが、職員は当局に向かって率直に意見をいえたのだろうか。危惧するのは「行動規範」に、「自らの能力を最大限に発揮します」の文言が入ったことだ。税務職員が国民一般に向かって「力の限り奮闘します」と宣言しているようだ。これが職員の意見を踏まえた結果なのか。他の二、三の省庁にも同様の「理念」が掲げられているが、それらと比べても突出している。

危機管理がはじまって以来、当局の求心力は低下したが、その状況に抗ってまで「能力を最大限に発揮」させようとする。

二〇二一年（令和三）、全国税は国税庁長官交渉で「国税庁の組織理念」を取り上げた。この理念には労働強化を持ち込む要素があるとし、現状の改善を求めた。

全国税（税務署は）いまの日本社会と同様に生産性と効率性だけが求められる様な「生きづらい」職場になっているのではないか。

長官「生きづらい」職場との指摘があったが、誇りと生きがいを持って働ける職場を目指している。（（ ）内筆者注。「全国税」21年6月25日）

長官は「誇りと生きがい」をどのようにして実現しようとするのか、その手掛かりがあるのかは不明である。

「多様性を尊重」の意図

「組織理念」には、あらたな項目「組織として目指す姿」がたてられた。「職員一人一人の多様性を尊重し、明るく風通しがよく、チームワークで高いパフォーマンスを発揮する組織」とある。「多様性を尊重」は職員一人一人を尊重するかのようだが、文言通りにはとらえられない。このあとに「高いパフォーマンスを発揮」と続くからだ。職員それぞれがどのように働くのか決めてください、昇進を目指し頑張るのもよし、おだやかに仕事をしていくのもよし、といっているわけではない。

税務職員の採用は、従来からの国専、普通科以外に二〇〇七年（平成一九）、省庁間再配置で農林水産省職員が税務署に配置されたほか、さらに公務員再チャレンジ採用、社会人経験者採用など、採用のルートが多様化してきた。二〇〇二年（平成一四）に策定した「女性職員の採用・登用拡大計画」以来、女性の採用数と管理職登用数も増えつつある。

「多様性」の意図するところは、これら採用などが多様化し、またノンキャリア集団の結束がほどけはじめた、その実態に対応し、「チームワークで高いパフォーマンス」が発揮できる業務のあり方を探ろうとするものであろう。

当局は、そのキーワードが「共感」にあるとみている。当局が初めて使う言葉だ。「組織理念」をつくるにあたり、「理解」だけでなく「共感」をも深めようと各署で意見交換会をおこなった。

だが、危機管理と自己責任、実績評価に傾斜した人事評価の導入などで、自分の力だけを頼りに仕事をせざるを得ない方向へ職員を向かわせていったのは当局だ。危機管理ができないなら自己責任だと署の総務課長は研修のたびに強調していた。そこへ突然「共感」を持ちだしても、職員の心に響くのであろうか。

4　税務職員が望む職場

働き続けたいと思えるか

戦後間もなくから七十有余年にわたって、ノンキャリア税務職員が歩み続けてきた、おおくの人生のつらなりをたどってきた。

最後に「これから」を見渡してみたいが、その行く手には大きな問題が横たわっているのがみえる。それは、キャリアは現場に重い負荷をかける施策を一方的に決めることだ。キャリアは、新しい施策を実施するときに、現場の声に引きずられていては決断ができないと考えているかのようだ。「日曜開庁」や管理運営部門導入のときのプロセスをみると、そうとしか思えない。現場の苦悩や意見を汲み取ろうとしないまま決めてしまう。これは戦後間もなくから現在まで変わらない。現場の声がキャリアに届き、それが施策に反映されるなら、どれほど働きやすい職場になっていたことか。

「局型労働」の問題も、ずっと横たわったままだ。国税局に転勤になったとたん長時間労働がはじまり、未経験の仕事を研修もそこそこに大量に押しつける。これで生命、健康を損なった職員もでてしまった。国税局で仕事をしたいと思っても、二の足を踏む。当局は職員の意欲を摘んでしまっている。

この重たい問題が税務職員の行く手に横たわっているとしても、どのような職場なら働きやすいか、また働き続けていこうと思えるのかを考えてみる。

大切なのは、職場ではだれでも個人としてその人格が尊重されることではないか。職員の一割を超える非常勤職員、そして社会人経験者など採用が多様化している。採用のちがい、キャリアとノンキャリア、上司と部下など立場がちがっていても、人格がないがしろにされてはいけない。

そして、問題が起きたときは、だれでも意見を上げることが当たり前であること。それは若い職員だけでなく統括官、また署の幹部もだ。かつて「日曜開庁」の動きがあったとき、税務署長のおおくが反対の声を上げた。また一元化事務の試行で苦しんだときは、おおくの者が声を上げた。黙々と従ってきたわけではない。

この職場でどのように働くかは様々である。意欲を持って昇進を目指し努力を重ねる者、キャリアを積んだあとに転職を考えている者、また淡々と仕事をしていくだけ、という考え方も当然である。だが、この職場で働いている限りは「働き続けられる」また「働き続けたい」と思える職場を望むという気持ちには、一致できるであろう。

税務職員は、これからも困難な問題と葛藤することになろうが、こんな職場ではもう働けない、辞めるしかない、と思うことのない職場になることを願う。

おわりに

私は四七年間税務職に身を置いた。在職中は調査件数に追われ、同じ仕事を際限なく繰り返しているような感覚でいた。しかし本書を書き上げたとき、突然ある感慨に襲われた。それは政治、経済、科学が激動、変貌しながら歴史が織りなされてきた、その渦中で仕事をし続けてきた、というかなり大げさな感慨であった。税務署の仕事は、なかなか骨の折れるものだと思った。

「職場に憲法を」。これは、働く現場に憲法を広げようとする運動で叫ばれているスローガンだ。日本国憲法第一三条には「すべて国民は、個人として尊重される」とあるが、これを「すべて税務職員は」と置き換え、考えてみる。

最終節（第一〇章4 税務職員が望む職場）で、「大切なのは、職場ではだれでも個人としてその人格が尊重されること」と書いたが、それは日本国憲法第一三条を職場に生かすことなのだろう。

もう一ついいたいことがある。職場でだれかが冗談をいったら、聞き逃さずにすぐ反応したいものだ。いまは四六時中PCに向かい続けているから、これはけっこう難しい。本書の序章に、「冗談いったのにだれも笑わないのかよ」と嘆く統括官が登場したが、少し気持ちに余裕がないと、まわりの声は入ってこない。

私が在職中の部門に「落語家」がいたことがある。ちょっとしたくすぐりで気持ちがラクになった。

危機管理と自己責任が浸透してきた職場になったいま、職員がコミュニケーションを取り合い、相手を思いやり、時には雑談をして笑い合うことが必要ではないか。

最後に、私が家中に資料を散乱させたままでも異をとなえず背中を押してくれた妻、積極的に支援してくれた全国税とOBの仲間、出版へ導いて下さった編集者の高橋久末子さん、そして私の体調を気遣い、出版までを速やかに進めて下さった中央公論事業出版の神門武弘さんに、心からの感謝を表明します。

二〇二四年秋

吉岡正範

引用、参考文献

全国税労働組合『統一の旗をかかげて総集編』（１９８７年）
全国税労働組合機関紙「全国税」
全国税労働組合東京地方連合会機関紙「全国税東京」
東京国税局広報誌「局報」
東京国税局『職員録』
東京国税局『東京国税局五十年史』（２００１年）
国税庁開庁三〇周年記念東京国税局職員文集『税務職員昨日、今日』（１９７９年）
国税庁『国税庁二十年史』（１９６９年）、同『国税庁三十年史』（１９７９年）、同ホームページ「国税庁70年史」（２０２０年）
財団法人大蔵財務協会『国税庁四十年史』（１９９０年）、『国税庁五十年史』（２０００年）
国税庁税務大学校『税大教育50年のあゆみ』（１９９１年）
国税庁『税務運営方針』（１９７６年）
石橋大輔「税務職員の教育訓練と税務大学校」（「税務大学校論叢」第１号、国税庁税務大学校、１９６８年４月）
築島尚「大学校のカリキュラムから見た日本官僚制におけるノンキャリアの専門教育」（「岡山大学法學會雑誌」、２０１５年３月）
築島尚「大学校におけるインフォーマルな人間関係の形成」（「岡山大学法學會雑誌」、２０１７年３月）

品川芳宣『傍流の正論』（大蔵財務協会、２０２３年）
佐藤弘幸『国税局資料調査課』（扶桑社、２０１５年）
阪田雅裕『「法の番人」内閣法制局の矜持』（大月書店、２０１４年）
木谷明ほか『「無罪」を見抜く』（岩波現代文庫、２０２０年）
上田二郎『国税局直轄　トクチョウの事件簿』（ダイヤモンド社、２０１２年）
小野義夫『ひろい集めて五七五』（文芸社、２００７年）
東京税財政研究センター編『税務行政の改革』（勁草書房、２００２年）
岸宣仁『検証　大蔵省崩壊』（東洋経済新報社、１９９６年）
福田幸弘『税制改革の視点』（税務経理協会、１９８５年）
秦郁彦『官僚の研究』（講談社、１９８３年）
『税務職員昨日、今日』（国税庁開庁30周年記念東京国税局職員文集、１９７９年）
長谷川廣『日本のヒューマン・リレーションズ』（大月書店、１９６０年）
税経『東京国税局・管内税務署　10年職歴』（年度版）
鈴木俊雄『税務大学校普通科第二九期名簿』（２０１０年）

著者略歴

吉岡 正範（よしおか まさのり）

1969年国家公務員初級税務職採用
東京国税局管内の税務署で法人税調査に従事
再雇用を経て2016年退職
在職中、全国税労働組合で活動
2020年まで税理士

国《こく》税《ぜい》一《いっ》家《か》　ノンキャリア集団《しゅうだん》の希望《きぼう》と葛藤《かっとう》

2024年11月8日　初版発行

著　　者　吉岡正範

制作・発売　中央公論事業出版
〒101-0051　東京都千代田区神田神保町1-10-1
IVYビル5階
電話　03-5244-5723
URL　https://www.chukoji.co.jp/

印刷・製本／藤原印刷
装丁／竹内宏江

ISBN978-4-89514-548-0 C0095